The Philosophy of Company Accounting

企業会計の原理

岩崎　功
井上徹二 著
飯野邦彦

学文社

著者紹介

岩　崎　功（いわさき　いさお）

　　　　　執筆担当章　第3章，第4章，第6章，第7章，第10章，第11章，第12章
　　　　　1949年　北海道生まれ
　　　　　國学院大学経済学部卒業，一橋大学大学院商学研究科修士課程修了，専修大学大学院商学研究科博士課程単位取得
　　　　　信州短期大学専任講師，助教授，教授，中京学院大学教授，埼玉学園大学教授を経て，現在，和光大学経済経営学部教授，専修大学，神奈川工科大学，埼玉大学講師
主要著書　『3級完全合格簿記』（共著），『2級完全合格簿記—商業簿記編』（共著），『2級完全合格簿記—工業簿記編』（共著）—以上共栄出版，『現代会計学概論』（共著），『コンパクト連結会計用語辞典』（共著）—以上税務経理協会，『グローバル時代の経営と財務』（編著）学文社，『入門会計学の基礎』（単著），『サブノート現代会計学の基礎』（単著），『テキスト現代会計学の基礎』（単著）—以上五絃舎，『経営用語・キーワード』（共著）中央経済社，『基本税務会計論』（単著），『法人税法基本テキスト』（単著）—以上英光社。その他多数あり。

井　上　徹　二（いのうえ　てつじ）

　　　　　執筆担当章　第5章，第8章，第9章，第14章，第15章
　　　　　1940年　東京都生まれ
　　　　　東京教育大学文学部卒業，横浜国立大学大学院経営研究科修士課程修了，横浜市立大学大学院経営学研究科博士課程単位取得
　　　　　阪南大学専任講師，助教授，教授，埼玉学園大学教授を経て
　　　　　現在，川口短期大学教授，同大学副学長
主要著書　『税務会計論の展開』（単著）税務経理協会，『現代国際会計』（共著）税務経理協会『会計学中辞典』（共著）青木書店

飯　野　邦　彦（いいの　くにひこ）

　　　　　執筆担当章　第1章，第2章，第13章，第16章，第17章
　　　　　1952年　埼玉県生まれ
　　　　　早稲田大学社会科学部卒業，早稲田大学大学院商学研究科修士課程修了，大東文化大学大学院経済学研究科博士後期課程単位取得
　　　　　埼玉学園大学経営学部教授を経て，
　　　　　現在，尚美学園大学総合政策学部教授，総合政策学部長，早稲田大学企業倫理研究所客員研究員，経営戦略学会監事，公益事業学会監事，日本取締役協会企業倫理委員会WGメンバー等
主要著書　『所得課税の理論と政策課題』（単著）税務経理協会，『業種別消費税の実務と同時調査対応』（共著）ぎょうせい，『江戸に学ぶ企業倫理』（共著）生産性出版

はしがき

　有名なドイツの詩人・文豪であるゲーテが，1796年に発表した小説『ヴィルヘルム・マイスターの修行時代（上）』において，次のような複式簿記に関する記述がある。

　　商売をやっていくのに，広い視野を与えてくれるのは，複式簿記による整理だ。整理されていればいつでも全体を見渡せる。細かしいことでまごまごする必要がなくなる。複式簿記が，商人に与えてくれる利益は計り知れないほどだ。人間の精神が生んだ最高の発明の一つだね。立派な経営者は誰でも，経営に複式簿記を取り入れるべきなんだ（山崎章甫訳，岩波文庫，54ページ）。

　ゲーテのいう複式簿記は，14世紀の中世イタリアの商業都市の発展に関連し，発達してきたということが通説となっている。この時代の複式簿記の原理は，18世紀末のゲーテの小説のみならず，21世紀の現在に至っても，受け継がれていることから永久不変の原理といえる。
　なお，複式簿記の解説書として世界最古の簿記書は，1494年に出版されたルカ・パチョリーの数学書である『算術・幾何・比および比例総覧』において，わずか1章分として書かれたものである。わが国で初めての複式簿記の紹介者は福沢諭吉であり，彼は1873年にアメリカの簿記文献の翻訳書である『帳合の法』を出版している。

　本書は，企業を対象とした会計，つまり企業会計の原理・原則を取り上げているが，企業会計を学ぶものにとっては，当然のことながら複式簿記の理解が欠かせないものとなっている。一般に，複式簿記は，記録行為から貸借対照表

i

や損益計算書という財務諸表の形式的な作成を対象としている。一方,企業会計は,複式簿記での記録行為に対する意味づけを行うこと,具体的には,財務諸表の内容である認識・測定および伝達という質的な行為を対象としている。その意味では,企業会計は,複式簿記よりもより深く,より広範囲な学問といえる。

　本書の構成は,次の3部からなっている。各部の章立ては,次のとおりである。なお,（　）は,執筆担当者である。

　第1部の「企業会計の基礎原理」では,企業会計の基礎概念,わが国の企業会計制度および企業会計原則について,それぞれ第1章「企業会計の基礎概念」（飯野）,第2章「わが国の企業会計制度」（飯野）および第3章「企業会計原則」（岩崎）として取り上げている。

　第2部の「財務諸表の作成・報告原理とその分析」では,基本財務諸表である貸借対照表,損益計算書およびキャッシュ・フロー計算書の作成と報告原理を,第4章「貸借対照表の原理」（岩崎）,第5章「資産会計論」（井上）,第6章「負債会計論」（岩崎）,第7章「純資産会計論」（岩崎）,第8章「損益計算書の原理」（井上）,第9章「損益会計論」（井上）および第10章「キャッシュ・フロー会計論」（岩崎）の7章にわたって取り上げている。さらにグループ企業の財務諸表である連結財務諸表の作成と報告原理を第11章「連結会計論」（岩崎）として,また,財務諸表の分析の原理や方法を第12章「財務諸表分析論」（岩崎）として取り上げている。

　第3部では,「特殊な企業会計原理」として,外貨換算については第13章「外貨換算会計論」（飯野）,税効果については第14章「税効果会計論」（井上）,金融商品については第15章「金融商品会計論」（井上）,リースについては第16章「リース会計論」（飯野）,および企業結合については第17章「企業結合会計論」（飯野）で,それぞれ取り上げている。なお,特殊な企業会計原理では,それぞれの処理基準が具体的に公表されており,その中でも基本的なものだけに限定し,その解説として概略している。

はしがき

　それぞれの担当執筆者は，できるだけやさしい表現でもって論述することに配慮したつもりである。そこで，本書を通読することにより，読者が少しでも企業会計の原理に対する明確な基礎知識が得られることになれば，筆者としては望外の喜びとするところである。

　本書は，学文社社長田中千津子氏の常日頃の執筆者に対する叱咤激励の賜であり，また，特に，細部にわたる執筆者間の異なる表現方法などの統一という多大なお手数をおかけして刊行できたことは，田中社長をはじめ編集者のおかげであることを記し，深謝の言葉としたい。

平成 19 年 10 月

執筆者代表　岩　崎　　功

本書の改訂に向けて

　本書の改訂は，平成 19 年以降の「企業結合に関する会計基準」の改訂や「連結財務諸表による会計基準」などの公表を受けて行っている。

平成 22 年 3 月

執筆者代表　岩　崎　　功

目　次

第1部　企業会計の基礎原理

第1章　企業会計の基礎概念 …………………………………………1

1. 企業会計の意義　2

    (1) 企業と利益　2／(2) 企業活動と企業会計　2／(3) 財務会計と管理会計　3／(4) 株式会社と企業会計　3／(5) 企業倫理と企業会計　4

2. 企業会計の目的　5

    (1) 企業会計とステークホルダー（利害関係者）　5／(2) ディスクロージャー制度（企業内容等開示制度）　6

3. 企業主体と会計公準　7

    (1) 会計主体　7／(2) 会計公準　8

4. 企業会計における損益計算構造　9

    (1) 現金主義的会計と発生主義的会計　9／(2) 静態論と動態論　10／(3) 損益法と財産法　11

5. 企業経営と管理会計　12

    (1) 経営計画と管理会計　12／(2) 業績管理会計と意思決定会計　13／(3) 経営諸問題と管理会計　14／(4) 管理会計と財務会計との特徴比較　15

第2章　わが国の企業会計制度 …………………………………………16

1. 企業会計制度　16

    (1) 企業会計原則　16／(2)「法」としての社会的規範（ルール）　18

2. 個別企業会計（個別会計）中心主義から連結企業会計（連結会計）中心主義へ　19

3. 財務諸表の種類　20

    (1)（個別）財務諸表　20／(2) 連結財務諸表　20

4．各種企業会計基準　22

第3章　企業会計原則 …………………………………………………28

　　1．企業会計原則の意義　28

　　2．企業会計原則の構成　29

　　3．一般原則の体系と相互関係　30

　　4．真実性の原則　31

　　5．正規の簿記の原則　32

　　　(1) 網羅性　32／(2) 検証可能性　32／(3) 秩序性　33

　　6．資本取引・損益取引区分の原則　33

　　7．明瞭性の原則　34

　　　(1) 科目の表示において区分・対応表示の原則に従うこと　35／(2) 金額の表示において総額主義の原則に従うこと　35／(3) 報告式による財務諸表であること　35／(4) 附属明細表を作成すること　36／(5) 重要な事項の注記を行うこと　36

　　8．継続性の原則　38

　　9．保守主義の原則　39

　　10．単一性の原則　40

　　11．重要性の原則　41

第2部　財務諸表の作成・報告原理とその分析

第4章　貸借対照表の原理 ……………………………………………46

　　1．貸借対照表の意義　46

　　2．貸借対照表の体系（様式）　47

　　　(1) 勘定式貸借対照表　47／(2) 報告式貸借対照表　47

　　3．貸借対照表の作成原則　49

　　　(1) 貸借対照表区分表示の原則　49／(2) 貸借対照表の流動と固定の分類基準　50／(3) 貸借対照表完全性の原則　51／(4) 総額主義の原則　51

4. 貸借対照表の評価（測定）原則　52

　　（1）評価（測定）原則の意義　52／（2）貨幣性資産と費用性資産　52／（3）評価（測定）原則　53

5. 貸借対照表における経過勘定の処理原則　55

第 5 章　資産会計論 ··56

1. 資産の意義　56
2. 流動資産　57

　　（1）流動資産の意義　57／（2）当座資産　57／（3）棚卸資産　59／（4）その他の流動資産　64

3. 固定資産　65

　　（1）固定資産の意義　65／（2）有形固定資産　65／（3）減価償却　67／（4）無形固定資産　72／（5）投資その他の資産　73／（6）減損会計　73

4. 繰延資産　74

　　（1）繰延資産の意義　74／（2）繰延資産の範囲と会計処理　75

第 6 章　負債会計論 ··78

1. 負債の意義　78
2. 負債の分類基準　78
3. 流動負債　79

　　（1）支払手形と買掛金　79／（2）未払金・預り金・短期借入金　79／（3）前受金と前受収益　80

4. 固定負債　80

　　（1）長期借入金　80／（2）社債　80

5. 引当金　82

　　（1）引当金の意義と目的　82／（2）引当金の計上要件　82／（3）引当金の分類　82

6. 退職給付会計　83

(1) 退職給付会計の意義　83 ／(2) 基本的な退職給付会計の会計処理　83

　7. 偶発債務　84

第7章　純資産会計論 …………………………………………………85

　1. 純資産の意義　85

　2. 純資産の分類　85

　3. 株主資本　86

　　　(1) 資本金　86 ／(2) 資本剰余金　87 ／(3) 利益剰余金　88 ／(4) 自己株式　89 ／(5) 剰余金の配当　90

　4. 評価・換算差額等　91

　5. 新株予約権　91

　　　(1) 新株予約権の発行時　92 ／(2) 株式の発行時（権利行使時）　92 ／(3) 新株予約権付社債　92 ／(4) ストック・オプション　92

　6. 株主資本等変動計算書　93

　7. 会計理論上の「資本」概念　95

　　　(1) 払込資本　95 ／(2) 受贈資本　95 ／(3) 評価替資本　95 ／(4) 稼得（留保）資本　95 ／(5) 圧縮記帳制度　95

第8章　損益計算書の原理 ………………………………………………97

　1. 損益計算書の意義　97

　2. 損益計算書の体系　97

　　　(1) 勘定式損益計算書　97 ／(2) 報告式損益計算書　99 ／(3) 損益計算書原則　101

　3. 損益計算原理　101

　　　(1) 財産法　101 ／(2) 損益法　102 ／(3) 期間損益計算　103

　4. 損益の認識基準(現金主義・発生主義・実現主義)　105

　　　(1) 現金主義と発生主義の原則　105 ／(2) 実現主義　106

　5. 損益の測定基準　108

6. 費用収益対応の原則　109
   7. 当期業績主義と包括主義　111
   8. 損益計算書総額主義の原則　112

第9章　損益会計論 …………………………………………………114

   1. 損益会計の意義　114
   2. 収益の意義と分類　114
   3. 収益の認識と測定　115
   4. 特殊商品売買　116

   (1) 委託販売　116／(2) 試用販売　116／(3) 割賦販売　117／(4) 工事収益・請負収益　117

   5. 費用の意義と分類　118

   (1) 費用の意義　118／(2) 費用の分類　118

   6. 費用配分の原則　120

第10章　キャッシュ・フロー会計論 …………………………………122

   1. キャッシュ・フロー会計の意義　122
   2. キャッシュ・フロー会計制度の沿革　122
   3. キャッシュ・フロー計算書における資金の範囲　123
   4. キャッシュ・フロー計算書の表示区分　124

   (1) 営業活動によるキャッシュ・フロー　124／(2) 投資活動によるキャッシュ・フロー　125／(3) 財務活動によるキャッシュ・フロー　125／(4) 利息および配当金の表示区分　126

   5. キャッシュ・フロー計算書の作成方法　126

   (1) 直接法とキャッシュ・フロー計算書　126／(2) 間接法とキャッシュ・フロー計算書　129

   6. キャッシュ・フロー計算書の注記事項　131
   7. 連結キャッシュ・フロー計算書の作成　132

目 次

第 11 章　連結会計論 ……………………………………………………133

1. 連結会計の意義　133
2. 連結会計制度の沿革　133
3. 連結会計の基礎概念　134
4. 連結財務諸表作成のための一般原則　135

   (1) 真実性の原則　135 ／(2) 個別財務諸表基準性の原則　136 ／(3) 明瞭性の原則　136 ／(4) 継続性の原則　136 ／(5) 重要性の原則　137

5. 連結財務諸表作成のための一般基準　137

   (1) 連結の範囲　137 ／(2) 連結子会社の判定基準　137 ／(3) 連結会社の連結決算日および会計処理の原則と手続　138

6. 連結貸借対照表の作成　138

   (1) 連結貸借対照表作成の基本原則　138 ／(2) 連結貸借対照表作成の手順　138

7. 連結損益計算書の作成　143

   (1) 連結損益計算書作成の基本原則　143 ／(2) 連結損益計算書作成の手順　143

8. 連結株主資本等変動計算書の作成　145
9. 注記事項と連結注記表および連結附属明細表の作成　145
10. 連結キャッシュ・フロー計算書の作成　146

    (1) 連結キャッシュ・フロー計算書の作成方法　146 ／(2) 連結会社相互間のキャッシュ・フローの相殺消去　146 ／(3) 少数株主との取引　147 ／(4) 連結追加と連結除外における連結キャッシュ・フロー計算書　147 ／(5) 在外子会社のキャッシュ・フローの換算　148

第 12 章　財務諸表分析論 ………………………………………………149

1. 財務諸表分析の意義　149
2. 財務諸表分析のための基礎知識　149

   (1) 財務諸表分析のための計算方法　149 ／(2) 分析計算結果に対する評価方法　150

3. 財務諸表分析の進め方　151

4. 第1段階：財務諸表分析のための資料収集　151

5. 第2段階：企業の全体像の把握　152

6. 第3段階：各種分析目的のための指標算定　152

　(1) 収益性分析　152／(2) 活動性分析　155／(3) 安全性分析　156／(4) キャッシュ・フロー分析　158／(5) 生産性分析　159／(6) 成長性分析　160

7. 最終段階：分析結果の総合判断　161

第3部　特殊な企業会計原理

第13章　外貨換算会計論 ……………………………………164

1. 外貨換算の意義　164

2. 外貨換算会計の経緯　164

3. 換算の方法　165

4. 外貨建取引の処理基準　166

5. 外貨建取引の範囲　167

6. 外貨建取引の処理　167

　(1) 外貨建取引　167／(2) 在外支店の財務諸表項目の換算　168／(3) 在外子会社等の財務諸表項目の換算　169

7. 為替予約　169

第14章　税効果会計論 ……………………………………170

1. 税効果会計の意義　170

2. 税効果会計の歴史　170

3. 税効果会計の必要性　171

4. 企業利益と課税所得の関係　172

5. 企業利益と課税所得の差異（一時差異と永久差異）　173

6. 税効果会計基準の内容　174

7. 税効果会計の具体的適用　175

　(1) 税効果会計の対象となる税金　175／(2) 税効果会計の適用税率　175／(3) 一時差異の認識と繰延税金の計算　175／(4) 法人税等調整額の表示　175

8. 税効果会計の説例　176

第 15 章　金融商品会計論 …………………………………………178

1. 金融商品会計の意義　178
2. 金融資産および金融負債の範囲　178

　(1) 金融資産　178／(2) 金融負債　179／(3) 金融商品　179／(4) 時価とは　179

3. 金融資産・金融負債の発生・消滅の認識　179

　(1) 発生の認識　179／(2) 消滅の認識　180

4. 金融資産・金融負債の貸借対照表価額　181

　(1) 債権　181／(2) 有価証券　181／(3) 運用目的の金銭の信託　183／(4) デリバティブ取引　183／(5) 金銭債務　183／(6) 貸倒見積額の算定　183

5. ヘッジ会計　184

　(1) ヘッジ対象　184／(2) ヘッジ会計の要件　185／(3) ヘッジ会計の方法　185

6. 複合金融商品　186

　(1) 転換社債型新株予約権付社債　186／(2) 転換社債型新株予約権付社債以外の新株予約権付社債　186／(3) その他の複合金融商品の会計処理　187

第 16 章　リース会計論 ……………………………………………188

1. リース取引の意義　188
2. リース取引の分類　188
3. リース取引の判定　189
4. リース資産の計上価額　190

5. 会計処理　190

　　(1)ファイナンス・リース　190／(2)オペレーティング・リース　191

6. ファイナンス・リース取引の表示　191

7. 財務諸表に関する注記　191

8. 税法との調整　192

第17章　企業結合会計論 ……………………………………………193

1. 企業結合会計の経緯　193

2. 企業結合の意義　193

3. 企業結合の種類　194

4. 取得企業の決定　194

5. 「取得」の会計処理　195

　　(1) パーチェス法と持分プーリング法の会計処理　195／(2) のれん　195／(3) 企業結合の具体例　196

6. 会社法による組織再編　197

7. 企業結合会計と連結会計　197

資料編　有価証券報告書（一部抜枠）……………………………………199
索引 ………………………………………………………………………217

第1部

企業会計の基礎原理

第1章 企業会計の基礎概念

1. 企業会計の意義

(1) 企業と利益

　企業とは，他の企業（会社），家計，政府が消費したり投資したりするさまざまな製品，サービスを経常的に生産し供給する役割を果たす経済主体である。企業の分類については，従業員数や資本金の規模によって，大企業，中企業，小企業，零細企業という分け方をする。

　企業の目的は，ヒト，モノ，カネ，情報という4つの経営資源を有効活用し，利益（利潤）を獲得し継続する。この利益獲得は，企業のもっとも基本的で重要な目的の1つである。利益獲得なくして，次の理由から株主や従業員などの要求に応じることはできない。

　① 従業員に給与を支払う
　② 株主に配当を支払う
　③ 借入金の返済に充当する
　④ 新規設備資金に充当する
　⑤ 内部蓄積に充当する
　⑥ 税金を支払う
　⑦ 芸術，文化，スポーツ支援などに支出する，など

(2) 企業活動と企業会計

　企業は会社や地域の利害関係者（ステークホルダー）と協力関係を保ちながら，①財務活動，②購買活動，③製造活動，④販売活動といった企業活動を

円滑に行うことが要求される。企業はこれらの活動を記録し，分類し，測定，整理し，伝達しなければならない。この機能を果たすのが企業会計である。

企業会計では，複式簿記という計算システムを用いて，貨幣数値で表示する。貨幣数値とは，たとえば，円やドル，マルク，フラン，リラなどその国の貨幣で表示する。企業活動を貨幣数値によって表示し，一定期間（通常1年間）を区切り，数字をまとめることを「決算」という。この決算により，企業は一年間の企業活動の結果を財務諸表という決算書にまとめ，ステークホルダーに報告・提出し，その理解を求める。

(3) 財務会計と管理会計

企業会計には財務会計と管理会計の2つの領域がある。

財務会計は，外部報告会計ともいわれ，企業の外部利害関係者に報告するための会計である。財務会計の機能には，①説明責任履行機能，②情報提供機能つまり意思決定機能，③利害調整機能がある。

企業は財務諸表を用いて報告するが，財務諸表を作成する根拠となるのが，会社法や金融商品取引法，企業会計原則や法人税法である。なお，財務諸表は「金融商品取引法」では財務計算書類という。また「会社法」では計算書類という。一般に，企業会計というときは，株式会社会計（会社会計）のことを指している。

管理会計は，内部報告会計ともいわれ，企業内部の利用者に対して各種意思決定の判断材料を提供するために報告する会計をいう（なお，詳細は，後述の5「企業経営と管理会計」を参照のこと）。

(4) 株式会社と企業会計

株式会社は，多くの投資家から経営を委任されているので，受託責任があり，反対に説明責任が課せられている。株式会社の説明責任を果たすために，株式会社における会計が重要な役割を果たしているのである。

株式会社の会計では，①債権者保護と株主保護を目的とした会社法会計（2006年5月1日施行）（会社法施行令，会社法規則等々），②投資家保護を目

的とした金融商品取引法（旧証券取引法）および③課税の公平を目的とした法人税法という法規範を遵守し作成され報告される。このような外部報告を目的として，法律その他の社会的制度により規制や拘束を受ける会計を，特に制度会計という。

　株式会社の会計については，主として，会社法の「第二編　株式会社　第五章　計算等」において規定されている。なお，会社法第431条で企業会計については「一般に公正妥当と認められる企業会計の基準や慣行に従うものとする」と規定している。

　一般に公正妥当と認められる基準や慣行とは，企業会計審議会（財務省金融庁）や企業会計基準委員会（財団法人財務会計基準機構）そして職業会計人の団体である日本公認会計士協会，日本税理士会連合会から規則や会計基準，適用指針および実務指針などをいう。

(5) 企業倫理と企業会計

　企業会計は，会計情報の適時性を確保し提供することが要求される。財務諸表を作成する担当者等の主観的な判断の介入により公正妥当なルールを無視し作成される危険性があり，利益操作を生じさせる。正当な理由なき会計処理の変更は会計不信（信頼性を失う）につながるのである。企業は会社の決算を公告する義務があり，上場企業（株式公開企業）は決算短信を発表する義務がある。

　これまでにも証券取引法違反事件がみられた。たとえば，1995年テーエスデー事件，1999年フレスベール証券事件，2002年MTCI事件，2005年のジャパンメディアネットワーク事件がある。

　また，企業の幹部等が企業機密情報を悪用し利益を得るなどインサイダー事件も起きている。企業は，投資者（資本家）から拠出された資金の運営，管理の責任（受託責任）があり，報告する責任も生じる。会計は株主に対して説明するツールとして使われる。投資者保護を目的とする視点から会計は説明責任（アカウンタビリティ）が要求される。

　企業会計は，企業の財務内容を正確に作成し投資家などステークホルダーの

判断を誤らせることのないよう会計倫理が要求される。

2. 企業会計の目的

　企業会計の計算を行う上で，13世紀から15世紀に中世北イタリアで生成発展した複式簿記の技法により作成される。複式簿記も16世紀には西ヨーロッパに伝播し，17世紀から19世紀末にはイギリス東インド会社やオランダ東インド会社で採用された。1873年福沢諭吉訳『帳合之法』が出版されわが国に導入されたが，それ以前にもわが国では類似した方法で大商家では帳簿書類が使用され，財産の管理や損益計算方法が生成発展している。

　現在では，企業が公表する財務諸表から収益性や借入金，支払利息等の債務の支払能力を判断し，成長性や生産性を分析するのである。この他に外部分析（企業の外部者）や内部分析（企業の経営者等）が行われる。

(1) 企業会計とステークホルダー（利害関係者）

　企業会計の目的は，企業外部のステークホルダーに，企業会計原則，金融商品取引法，会社法，税法等に準拠した財務諸表を作成し，報告することである。その財務諸表により企業の経営成績や財政状態などを正確に提供することである。財務諸表の作成と報告は会社が責任をもち公開しなければならない使命（責任）がある。

　株主，投資家，得意先，仕入先，従業員など企業外部のステークホルダーは，いろいろな面で企業の動向に注目し期待している。企業は"小さく生んで大きく育てよ"といわれ，売上，利益，従業員の増大と共に株式公開（上場企業）へと開かれた会社へと成長発展する。もちろん，会社の規模が株式公開の規模となっても株式公開をしない企業もある。

　次に，企業会計の目的を，外部の利害関係者のなかでも特に重要とされる株主に対しての報告目的（株主のための会計）から考えてみる。

　株主は継続して株を持ち続けるべきか，それとも売却すべきかさらに株式保

有を増加させるべきかなどの判断材料として重要となる。株主の意思決定の判断に役立てる。企業会計の目的の1つに資源配分機能がある。ステークホルダーに対して，企業の報告する会計データは確実性と公正性を保証するものでなければならない。つまり会計責任を果たすことが要求され，情報伝達機能をもっている。

(2) ディスクロージャー制度（企業内容等開示制度）

企業の作成した財務諸表は，大企業の場合には，原則として外部の独立した監査法人や公認会計士の監査（公認会計士監査）が義務づけられている。

わが国でも山一証券が「飛ばし」による不良資産隠し，三田工業が棚卸資産等の水増し計上，住友商事が銅先物の簿外取引等，不正な会計取引が暴露され，山一証券は経営破綻に追い込まれた。棚卸資産の水増しや，収益費用対応の原則から当期に費用として計上すべきものを当期の費用として計上しなかったり，当期発生した損失を隠したり，架空取引により架空利益を計上したりし利益の調整をした。また，債権（売上債権，貸付債権）のなかの不良債権を優良債権と扱い，貸倒処理を実施せず利益を生み出した。貸倒引当金の計上額の圧縮や，金融商品の取得価格と時価評価の価額差の過少計上により利益を生み出し，また子会社を利用して，親会社の発生した損失を子会社に引き受けさせて費用の過少計上とすることにより，損失を隠すことにより粉飾（利益を多く算出する）決算とした。

経営者は，利益を計上することにより，つまり黒字決算することにより高い評価を受ける。利益から株主に配当することにより株価の安定と株主からの信頼を受けることができると確信する。投資家や債権者は，過去三期分の財務諸表を分析することにより，真実な財務諸表か否かを判断する。

企業は会社の決算を公告する義務があり，これをディスクロージャー制度（企業内容等開示制度）という。株式会社は，営利を目的とする社団法人であり株式譲渡自由の原則（会社法第127条）と株主有限責任の原則という特徴をもっている。企業が作成し，公表する財務諸表は，その作成者の職業倫理（認

識，測定，処理，報告）や個人規範，会社規範に影響される。コンプライアンス（法令遵守）が叫ばれる今日では，法規範ばかりでなく，会計責任者の職業倫理の向上と資質が要求される。

最近では，よりディスクロージャー制度（企業内容等開示制度）の充実をはかるため，金融商品取引法第24条の4の7において，今までの個別および連結財務諸表（6ヵ月対象の中間決算に基づく個別および連結中間財務諸表を含む）のほかに，あらたに3ヵ月対象の四半期決算に基づく四半期財務諸表の作成を義務づけた。なお，四半期（連結）財務諸表には，個別企業およびグループ企業対象の四半期（連結）貸借対照表，四半期（連結）損益計算書，および四半期（連結）キャッシュ・フロー計算書がある。

3. 企業主体と会計公準

(1) 会計主体

会計を判断する主体を何にするか，誰の立場から会計が行われているか。これを会計主体論という。会計主体論として，① 資本主理論，② 代理人理論，③ 企業主体理論および④ 企業体理論などがある。

① 資本主理論

資本主理論は，企業を所有者である資本主（出資者）の立場から取り上げ，資本主の立場で会計上の処理や手続を行うことになる。この考え方は，小規模で個人的な性格の強い個人企業に適する。

企業の資産は，資本主が所有するプラスの財産，つまり積極財産であり，負債は，資本主が負っているマイナスの財産，つまり消極財産であり，資産と負債の差額である純資産（資本）は，資本主に帰属する正味財産として考える。これらの関係は，特に次に示した純資産（資本）等式で表される。

$$積極財産（資産）－消極財産（負債）＝純資産（資本）$$

② 代理人理論

代理人理論は，企業を株主からの財産の運用のための代理機関とみるものであり，資本主理論の変形と考えられる。ここでは，会計上の処理や手続は，企業の所有者たる株主と経営を委託された経営者を委任と代理との関係でとらえる。

③ 企業主体理論

企業主体理論は，企業を資本主とは別個の独立した存在とみなし，企業自体が会計主体と考える。この理論では，資産は企業自体に帰属し，負債や純資産（資本）も企業自体の資金源として考える。これらの関係は，特に次の貸借対照表等式で表される。

$$資産 = 負債 + 純資産（資本）$$

④ 企業体理論

企業体理論は，企業を社会的な役割を担うもの，つまり，出資者，債権者，従業員，国や地方自治体，一般消費者などの各種利害関係者集団（ステークホルダー）が企業を構成していると考え，会計の諸問題を取り上げる。

この理論によると，企業の経済活動や経済的価値の創出には，すべてのステークホルダーが貢献していると考えるので，企業自体の立場は，ステークホルダー間の利害調整をはかることにある。

(2) 会計公準

会計が成立する上での基礎的な仮定または前提といわれるのが会計公準である。公準を設定する前提条件として「公準の完全性」「公準の独立性」および「公準の無矛盾性」という3つがある。

一般に会計公準には，① 企業実体の公準，② 継続企業の公準および③ 貨幣的評価の公準の3つがある。

① 企業実体の公準

企業実体の公準とは，所有と経営の分離を前提とした企業会計を行う場所，

または範囲を限定する会計単位の設定である。

すなわち，企業の実体が，企業の所有（出資）者とは別個に存在していると考えることから，企業の各種会計記録とそこから作成される財務諸表は，企業所有（出資）者のものではなく，企業実体のものとして扱うことができる。

② 継続企業の公準

継続企業の公準は，会計期間の公準ともいわれ，企業活動を継続的（将来にわたって）に行うという前提である。

この前提では，当然，企業活動の成果を明らかにするためには，人為的に会計期間を区切って計算しなければならなくなる。従って，企業活動の全継続期間を一定の会計期間（一般には1年）に人為的に区切って決算を行い，財務諸表を通して利害関係者に報告することになる。この区切られた一定期間は，一般に会計年度，事業年度，営業年度などといわれ，期間損益計算を行う場合の前提ともなっている。

③ 貨幣的評価の公準

貨幣的評価の公準は，貨幣的測定の公準ともいわれ，企業会計では企業活動に関する数値を貨幣計数で全体的・統一的に測定・表示するという前提である。

企業会計での測定単位には，物量単位と貨幣単位がある。物量単位としては，個数，重量，面積，容積や長さなどのことであるが，この測定単位では企業が異質なものの集まりであることを考えれば，部分的に使用されることはあっても，それらの全体を統一して測定し，それらの比較もできない。貨幣単位は，円，ドルなどの通貨をいう。これらは，異質なものをすべて貨幣に換算することにより全体を統一して測定できるし，また比較も可能となる。

4. 企業会計における損益計算構造

(1) 現金主義的会計と発生主義的会計

現行の企業会計は，投資家保護の観点から期間損益計算構造をとっている。

期間損益計算構造における損益計算には，現金主義的会計と発生主義的会計がある。

歴史的にみると，企業会計は現金主義的会計から発生主義の会計へと移行している。企業が大規模になるにつれて，現金主義会計では業績評価のための適正な期間損益計算が不可能となったことが理由とされる。現金主義的会計と発生主義的会計における会計処理方法の相違は，売上高，売上原価，減価償却費の計算などにおいてみられる。

現金主義的会計は，一般的には，小企業（小規模）に適合する会計であるのに対して，発生主義的会計は，大企業（大規模）に適合する会計といえる。

① 現金主義的会計

現金主義的会計とは，収益は現金収入があったときに，また，費用は現金支出があったときに認識・測定し，その差額として損益を計算することである。

② 発生主義的会計

発生主義的会計とは，収益も費用も発生の事実により認識・測定し，その差額として損益を計算することである。しかし，費用の認識は，発生主義の原則により行われるが，収益の認識は，より客観性や確実性を求めるために，実現主義の原則により，期間収益として実現したものに限定している。その後，費用収益対応の原則を適用して，両者の差額として損益を計算する方法である。なお，収益および費用の測定については，収益は収入額基準に基づいて，費用は支出額基準および費用配分の原則に基づいて測定することになっている。

(2) **静態論と動態論**

損益（利益）計算の理論的前提となっているものに静態論と動態論がある。

① 静態論

静態論とは，債権者保護を目的とし，企業の財産計算を計算の重点としており，貸借対照表を重視し，損益計算書の作成は行っていない。決算日に企業の財産と債務の実地棚卸により財産目録を作成してから貸借対照表を作成する。また，資産の評価は売却時価で評価される。

静態論は，17世紀から20世紀にかけて広くアメリカで用いられた会計思考である。債権保護の観点に立ち，債務弁済能力の算定に目的をおく会計思考である。ここでいう貸借対照表を静的貸借対照表という。

② 動態論

動態論とは，投資家保護を目的とし，企業の損益計算書を計算の重点としており，損益計算書を重視している。損益法を用いて利益（損益）計算をする。なお，この理論での資産の評価は取得原価に基づき評価される。

(3) 損益法と財産法

損益（利益）計算の方法には，損益法と財産法がある。

① 損益法

損益法は，継続的会計帳簿が前提であり，発生源泉が把握される。投資家保護を目的とし期間損益計算書，または会計思考は動態論をとり，資産の評価は取得原価に基づき評価される。

損益法による損益計算は，次式のように一定期間の収益から一定期間の費用を差し引いて純損益を計算する。

$$純損益＝収益－費用$$

② 財産法

財産法は，実施棚卸に基づき結果実在面から把握され，債権者保護を目的とし，企業の支払能力を把握する。会計思考は静態論をとり，資産の評価は売却時価とされる。

財産法による損益計算は，期間の損益を期首と期末の純資産（資本）の差額として計算する方法である。すなわち，次式のように期首における資産と負債の差額から期首純資産（期首資本）と期末における資産と負債の差額から期末純資産（期末資本）を求め，その期末純資産（期末資本）から期首純資産（期首資本）を差し引いて純損益を計算する。

$$\begin{aligned}純損益 &= 期末純資産（期末資本）- 期首純資産（期首資本）\\&=（期末資産 - 期末負債）-（期首資産 - 期首負債）\end{aligned}$$

5. 企業経営と管理会計

　企業の財政状態や経営成績を利害関係者に報告する手段として，財務諸表を作成し公表するのが財務会計であり，外部報告会計ともいわれる。これに対して，管理会計とは，企業の経営者，管理者に対して経営の意思決定に役立つ情報を提供するもので，内部報告会計ともいわれる。

　なお，管理会計は1924年にアメリカで誕生したといわれている。企業の目的は利潤の極大化であり，拡大再生産活動をし，社会に貢献することである。

(1) 経営計画と管理会計

　管理会計は，企業経営における管理と会計，つまり経営管理のための会計である。企業は経営理念に基づき企業目標を掲げ，その目標達成のための企業活動を行う。目標達成を実現するためには，まず，経営計画（人事，設備，資金調達と運用，情報システムの構築等）が必要となる。

　経営計画は，一定期間を対象とした期間計画と，個々の特定の目的を達成するための個別（プロジェクト）計画とに分けられる。また，前者の期間計画は，経常的な業務を対象とした業務計画に結びつき，後者の個別計画は，経営の基本構造の変更となるような性質をもつ基本計画に結びつく。また，経営計画の対象期間が1年未満の計画を短期経営計画といい，1年を超えるものを長期経営計画という場合もある。

　管理会計は，大きく業績管理会計と意思決定会計に分けられるが，業績管理会計は，期間計画あるいは業務計画に結びつく。一方，意思決定会計は，個別（プロジェクト）計画あるいは基本計画に結びつく。

(2) 業績管理会計と意思決定会計

① 業績管理会計

企業の業務計画に沿って企業活動が実施されるが,その計画値と実績数値との差が生じるか否かを定期的に分析し,差異が生じた場合には,その原因を探り,次の計画値を修正することになる。業績管理会計の具体的な内容としては利益管理と予算管理が中心となる。

利益管理は,利益計画と利益統制(業績評価としての利益差異分析)に分けられる。その利益管理に役立つ会計的技法の中心には,C-V-P分析(損益分岐点分析)がある。これは,原価を変動費と固定費に分解することで,原価-営業量-利益との三者の相互関係を観察する分析方法である。また,利益管理をより確実にするために,資金との裏づけをみる資金管理も重要な手法となる。

予算管理は,利益管理を具体的に実行するためのものであり,予算編成と予算統制(業績評価としての予算差異分析)に分けられる。ここでの予算としては,販売予算,製造予算,一般管理予算,財務予算,資本予算などがある。

② 意思決定会計

意思決定会計における意思決定とは,企業の目標の実現のための複数の代替案のなかから最適案を選択することである。意思決定会計とは,その最適案を選択するための会計的な資料等を提供することである。

意思決定会計で役立つ会計的手法は,差額原価概念を使用した差額原価収益分析である。差額原価収益分析とは,複数の代替案ごとに,将来の収益,原価および利益を求め,それぞれを比較することで,差額原価,差額収益および差額利益を求めることをいう。

意思決定会計は,業務的意思決定会計と設備投資意思決定会計とに大きく分けることができる。

業務的意思決定とは,生産能力や販売能力の変更を伴うものである。これには,製品を自家製造か購入か,特別注文品を引き受けるか否か,などがあり,

短期的な意思決定となる。

　設備投資意思決定とは，企業設備による生産能力や販売能力の変更（設備の新設，取替，廃棄など）を伴う意思決定をいい，それは個々の投資プロジェクトごとに行われる。この意思決定の成功か否かにより，長期的な企業業績に大きな影響を及ぼし，企業の将来を揺るがすことなる。

(3)　経営諸問題と管理会計

　企業は経営資源を有効活用することであり，資源の無駄は許されないのである。新規設備の投資の意思決定をする場合にも，経済性や合理性が求められる。また，企業は顧客の多様なニーズに適応し成長しなければならないが，企業の環境の変化はあまりにも激しく，効率性だけを求めると世間の批判を浴びかねない。今日企業はＭ＆Ａにより他社から吸収，合併される危険と脅威にさらされている。また，企業価値ないし株主価値やコーポレート・ガバナンスの問題も避けて通れないからであり，どんな不測な状況に遭遇しようと乗り越えていかなければならない。不確実性の時代であり不透明な時代であるからこそビジネス・チャンスがあるともいわれ起業家も生まれる。

　企業では，経営環境の変化に適応するためにリスクマネジメントという概念がある。経営環境の変化には，たとえば，顧客に対して，市場環境の変化に対して，法令尊守（コンプライアンス）に対して，製造物責任（PL法）に対して，経済の環境変化，税制の変化，金融，証券，不動産等の変化，自然災害に対しての変化，労働環境の変化等々にどう対処していくか等がリスクマネジメントの課題である。

　企業の不祥事の多発化が今日の企業経営の障害にもなってくる。不祥事を起こした企業は，企業の株価に影響を与え企業価値や株主価値の低下を招き，やがて企業業績の悪化につながり，企業の存亡の危機となる。

　上述したように，経営管理者がかかえる多くの経営諸問題に対して，経営管理者として，速やかに適切な意思決定を下すことが必要となる。この意思決定に会計面からバックアップするのが管理会計の重要な役割の1つといえる。

(4) 管理会計と財務会計との特徴比較

管理会計と財務会計との特徴を，① 会計情報の計算範囲，② 会計情報の計算内容，③ 会計処理・手続・表示，および④ 会計情報の利用者の観点から比較すると下の表のようになる。

特　徴	管理会計	財務会計
①会計情報の計算範囲	貨幣価値計算以外に物量価値計算も行う	貨幣価値計算
②会計情報の計算内容	過去的・現在的計算よりは未来計算	過去的計算
③会計処理・手続・表示	私的・主観的・任意的	社会的・客観的・固定的または拘束的
④会計情報の利用者	内部経営管理者	外部利害関係者（ステークホルダー）

第2章 わが国の企業会計制度

1. 企業会計制度

　企業が作成し，公表する財務諸表が信頼されて社会的に受け入れられるためには，統一的な会計処理および報告に関する社会的規範（ルール）が必要となる。企業会計制度とは，社会的規範に従った会計制度のことをいう。社会的規範には，「慣習」としての社会的規範と，「法」による社会的規範の2つがある。

　前者の「慣習」としての社会的規範には，企業会計原則と企業会計基準があり，後者の「法」による社会的規範には，金融商品取引法（旧証券取引法）および財務諸表等規則，会社法および会社計算規則，並びに法人税および関係諸法令がある。後者の「法律」による社会的規範に基づく会計制度は，特に制度会計ともいわれている。

(1) 企業会計原則

　わが国の企業会計原則は，「慣習」としての会計規範である。それは昭和24（1949）年7月経済安定本部（現財務省）に設置された企業会計制度対策調査会よりまとめられ発表された。

① 企業会計原則の設定の目的

　企業会計原則の設定の目的として，次のように「前文」に述べている。

　「我が国の企業会計制度は，欧米のそれに比較して改善の余地が多く，且つ，甚しく不統一であるため，企業の財政状態並びに経営成績を正確に把握することが困難な事情にある。我が国企業の健全な進歩発展のためにも社会全体

の利益のためにも，その弊害は速やかに改められなければならない。

又，我が国経済再建上当面の課題である外貨の導入，企業の合理化，課税の公正化，証券投資の民主化，産業金融の適正化等の合理的な解決のためにも，企業会計制度の改善統一は緊急を要する問題である。仍って，企業会計の基準を確立し，維持するため，先ず企業会計原則を設定して，我が国国民経済の民主的で健全な発達のための科学的基礎を与えようとするものである。」

② 企業会計原則の性格

企業会計原則の性格としては，その「前文」において次のように述べている。

1. 企業会計原則は，企業会計の実務の中に慣習として発達したもののなかから，一般に公正妥当と認められたところを要約したものであって，必ずしも法令によって強制されないでも，すべての企業がその会計を処理するに当って従わなければならない基準である。
2. 企業会計原則は，公認会計士が，公認会計士法及び証券取引法に基づき財務諸表の監査をなす場合において従わなければならない基準となる。
3. 企業会計原則は，将来において，商法，税法，物価統制令等の企業会計に関係ある諸法令が制定改廃される場合において尊重されなければならないのである。

わが国の企業会計原則は，慣習規範，実践規範，指導原理そして理論規範を内包している。そのモデル(参考)になったのが *A Statement of Accounting Principles*, AIA, 1938 (山本繁・勝山進訳，昭和54年) といわれている。これはサンダース (Sannders, T. H.)，ハットフィールド (Hatfield, H. R.)，ムーア (Moore, U.) の3人によって書かれたものである。

なお，企業会計原則は，その設定あるいは形成の方法の違いにより，2つの型がある。その第1の型は，機能的な実践的規範としての会計原則である。これは，会計原則を設定するに当たって，会計慣行の中から会計実務を集約した

もの，つまり「一般に認められた会計原則」とよばれるものであり，英米の会計原則やわが国の会計原則はこれに該当する。第2の型は，演繹的な理論規範としての会計原則であり，理論的指向性または理念的合理性を有する会計原則もある。

わが国の企業会計原則の体系としては，一般原則，貸借対照表原則，損益計算書原則および企業会計原則注解の4部構成からなっている（なお，企業会計原則の具体的な内容等についての詳しい説明は第3章以降を参照のこと）。

(2) 「法」としての社会的規範（ルール）

「法」としての社会的規範としては，金融商品取引法（旧証券取引法）と財務諸表等規則，会社法と会社計算規則および法人税法とがある。これらの「法」としての社会的規範の前提は，まさしく「慣行」としての社会的規範，つまり企業会計原則や企業会計諸基準であることを付加しなければならない。

たとえば，金融商品取引法では，その財務諸表等規則第1条1項において，「……この規則において定められていない事項については，一般に公正妥当と認められる企業会計の基準に従うものとする」と規定されている。

会社法では，その第431条において，「株式会社の会計は，一般に公正妥当と認められる企業会計の慣行に従うものとする」と，また，会社計算規則でも，その第3条において，「この省令の用語の解釈及び規定の適用に関しては，一般に公正妥当と認められる企業会計の基準その他の企業会計の慣行をしん酌しなければならない」と，それぞれ規定されている。

さらに，法人税法では，その第22条の4において，その事業年度の益金および損金の額は，「一般に公正妥当と認められる会計処理の基準に従って計算されるものとする」とされている。

また，具体的な会計手続等についても，金融商品取引法・財務諸表等規則や会社法・会社計算規則などにおいて，同様なことが規定されている。

2. 個別企業会計（個別会計）中心主義から連結企業会計（連結会計）中心主義へ

　わが国の会計制度は，1990年代から2000年代初めにみるフリー（自由）・フエアー（公平）・グローバル（国際化）を合言葉とした金融ビッグバンにより，会計制度の大改革と呼ばれた会計ビッグバンを引き起こした。

　この会計ビッグバンは，会計情報（会計報告）においても，個別企業を対象とした会計である個別企業会計（個別会計）中心主義から企業グループを対象とした連結企業会計（連結会計）中心主義へ移行し，2000年3月期から本格的な連結財務諸表の作成と公表が義務づけられた。同時に連結貸借対照表と連結損益計算書を連結財務諸表の柱としていたものを，さらに連結キャッシュ・フロー計算書を加えた3つを連結財務諸表の柱に置き換えて，本格的な連結会計時代を迎えた。

　さらに，これを受けて，法人税法も2000年3月期から連結納税制度が導入されると共に，2006年5月から旧来の商法に変わる会社法（会社法施行規則および会社計算規則を含む）の施行においても，連結会計に関する規定を導入して，本格的な連結企業会計（連結会計）制度となった。

　なお，個別企業会計中心主義における連結財務諸表については，基本財務諸表の1つではなく，基本財務諸表の補助資料としての公表であった。すでに連結財務諸表の作成に関しては，企業会計審議会から1975年に「連結財務諸表原則」として公表されている。また，連結キャッシュ・フロー計算書の作成に関しても，1998年に同審議会から「連結キャッシュ・フロー計算等の作成基準」として公表されている。

3. 財務諸表の種類

(1) (個別)財務諸表

現行の(個別)財務諸表の種類としては,財務諸表等規則(財務諸表等の用語,様式および作成方法に関する規則)第1条および会社計算規則第91条に具体的に規定されている。それを一覧表にすれば次ページの図表2-1のようになる。

両者の相違点は,次のようになる。

① 財務諸表規則では,キャッシュ・フロー計算書の作成があるが,会社計算規則では,その作成は要求されていない。

② 財務諸表規則では,注記表の作成はないが,会社計算規則では,その作成がある。

③ 財務諸表規則では,附属明細「表」であり,会社計算規則では附属明細「書」と呼び方が違っている。

なお,企業会計原則,旧財務諸表等規則および旧商法・計算書類規則における個別財務諸表の種類を,参考のために一覧表にしてみると次ページの図表2-2のようになる。

(2) 連結財務諸表

企業は主として本業を中心とした企業グループを形成するが,企業グループの全体を1つの会社とみなし,グループの親会社が行う決算(連結決算)を行うことになる。グループの親会社が連結決算の結果を基に作成する財務諸表を連結財務諸表という。

連結財務諸表の種類については,連結財務諸表等規則(連結財務諸表等の用語,様式及び作成方法に関する規則)第1条および会社計算規則第93条に具体的に規定されている。それらを一覧表にすれば次ページ図表2-3のようになる。それぞれの内容については,上記の(個別)財務諸表と同様である。

第2章 わが国の企業会計制度

図表2-1　現行会計制度での個別財務諸表

（財務諸表等規則第1条）	（会社計算規則91条）
①貸借対照表（※1）	①貸借対照表（※1）
②損益計算書（※2）	②損益計算書（※2）
③株主資本等変動計算書（※3）	③株主資本等変動計算書（※3）
④キャッシュ・フロー計算書（※4）	④個別注記表（※5）
⑤附属明細表（※6）	⑤附属明細書（※6）

※1　貸借対照表は，企業の一定時点における財政状態を表す。これは資産，負債及び純資産（資本）という3つのグループから構成されている。

※2　損益計算書は，企業の一定期間における経営成績を表し，収益，費用という2つのグループで構成されている。

※3　株主資本等変動計算書は，一定期間における純資産の部における変動額のうち，主として株主資本等の各項目の変動事由を報告するために作成される。

※4　キャッシュ・フロー計算書は，財務諸表等規則により作成されるもので，企業の資金の調達と運用を明示し，営業活動によるキャッシュ・フロー，投資活動によるキャッシュ・フロー，財務活動によるキャッシュ・フローの3つから構成されている。なお，後述の連結キャッシュ・フロー計算書を作成したときには，これは作成しなくてもよいことになっている。

※5　個別注記表とは，財務諸表に関する注記をまとめて一覧表にしたものである。財務諸表等規則での注記は，それぞれの該当する個所で行っている。

※6　附属明細表（書）は，有価証券，有形固定資産等，社債，借入金等および引当金などで，基本的には，内訳項目別に，前期末残高，期中増減高および当期末残高などを明らかにしている。

図表2-2　企業会計原則および旧会計制度での財務諸表

企業会計原則	旧財務諸表等規則	旧商法・計算書類規則
①損益計算書	①貸借対照表	①貸借対照表
②貸借対照表	②損益計算書	②損益計算書
③財務諸表附属明細表	③利益金処分計算書または損失金処理計算書	③営業報告書
④利益処分計算書	④附属明細表	④利益の処分または損失の処理に関する議案
		⑤附属明細書

図表2-3　現行会計制度での連結財務諸表

（連結財務諸表等規則第1条）	（会社計算規則93条）
①連結貸借対照表	①連結貸借対照表
②連結損益計算書	②連結損益計算書
③連結株主資本等変動計算書	③連結株主資本等変動計算書
④連結キャッシュ・フロー計算書	④連結個別注記表
⑤連結附属明細表	⑤連結附属明細書

連結財務諸表原則ならびに旧連結財務諸表等規則による連結財務諸表としては，連結貸借対照表，連結損益計算書および連結剰余金計算書（これは，「連結株主資本等変動計算書」で取り扱うことになった）の3つからなっている（なお，連結財務諸表の詳しい説明は第11章「連結会計論」を参照のこと）。

4. 各種企業会計基準

わが国の制度会計として，金融商品取引法に基づく金融商品取引会計，会社法に基づく会社法会計，および法人税に基づく税務会計の3つがあるが，これらはいずれも「一般に公正妥当と認められる企業会計の基準」に従って処理・報告しなければならないことになっている。この基準には「企業会計審議会」の公表する企業会計原則および企業会計基準と，「財団法人財務会計基準機構」の公表する企業会計基準委員会の企業会計基準がある。なお，「財団法人財務会計基準機構」の公表する企業会計基準には，① 企業会計基準そのものと，その会計基準等に対する② 適用指針，および③ 実務対応報告がある（詳しくは，（財）財務会計基準機構のホームページの「企業会計基準委員会」における「企業会計基準等」を参照のこと）。

次に，1949年企業会計原則の制定から現在に至るまでの企業会計審議会と企業会計基準委員会により公表されている主な会計基準等の変遷を一覧表に示した。

図表 2-4　大蔵省および財務省：企業会計審議会

1949年7月9日	「企業会計原則の制定について」中間報告「企業会計原則」および同「財務諸表準則」（経済安定本部企業会計制度対策調査会：企業会計審議会の前身）
1951年9月28日	「商法と企業会計原則との調整に関する意見書」
1952年6月16日	「税法と企業会計原則との調整に関する意見書」
1954年7月14日	「企業会計原則及び財務諸表準則の部分修正について」および「企業会計原則注解」（18項目）
1956年12月26日	「監査基準・監査実施準則・監査報告準則」
1960年6月22日	「企業会計原則と関係諸法令との調整に関する連続意見書　第一　財務諸表の体系について　第二　財務諸表の様式について　第三　有形固定資産の減価償却について」

第2章　わが国の企業会計制度

1962年8月7日		「企業会計原則と関係諸法令との調整に関する連続意見書　第四　棚卸資産の評価について、第五　繰延資産について」
	11月8日	「原価計算基準の設定について―原価計算基準」
1963年11月5日		「企業会計原則の一部修正について―修正企業会計原則・同注解」
1966年10月17日		「税法と企業会計原則との調整に関する意見書」
1967年5月19日		「連結財務諸表に関する意見書」
1968年5月2日		「企業会計上の個別問題に関する意見　第一　外国通貨の平価切下げに伴う会計処理に関する意見」
	11月11日	「企業会計上の個別問題に関する意見　第二　退職給与引当金の設定について」
1969年12月16日		「商法と企業会計原則との調整について『企業会計原則』・同『注解』修正案」
1971年9月21日		「企業会計上の個別問題に関する意見　第三　外国為替相場の変動幅制限停止に伴う外貨建資産等の会計処理に関する意見」
	12月24日	「企業会計上の個別問題に関する意見　第四　基準外国為替相場の変更に伴う外貨建資産等の会計処理に関する意見」
1972年7月7日		「企業会計上の個別問題に関する意見　第五　現行通貨体制のもとにおける外貨建資産等の会計処理に関する意見」
1973年3月29日		「企業会計上の個別問題に関する意見　第六　外国為替相場の変動幅制限停止中における外貨建資産等の会計処理に関する意見」
1974年8月30日		「企業会計原則の一部主修正について―修正企業会計原則・同注解」
1975年6月24日		「連結財務諸表の制度化に関する意見書―連結財務諸表原則・同注解」
1977年3月29日		「半期報告書で開示すべき中間財務諸表に関する意見書―中間財務諸表作成基準・中間財務諸表監査基準」
1979年6月26日		「外貨建取引等会計処理基準の設定について―外貨建取引等会計処理基準・同注解」
1980年5月29日		「企業内容開示制度における物価変動財務情報の開示に関する意見書」および参考資料「諸外国における物価変動財務情報開示制度の概要」
	7月17日	「商法計算規定に関する意見書」
1982年4月20日		「企業会計原則の一部修正について―修正企業会計原則・同注解」
	4月20日	「負債性引当金等に係る企業会計原則注解の修正に関する解釈指針」
1983年12月22日		「外貨建取引等処理基準に関する注解の追加について」
1986年10月31日		「証券取引法に基づくディスクロージャー制度における財務情報の充実について（中間報告）」
1988年5月26日		「セグメント情報の開示に関する意見書」
1990年5月29日		「先物・オプション取引等の会計基準に関する意見書について」
1991年12月26日		「監査基準、監査実施準則及び監査報告準則の改定について」
1993年6月17日		「リース取引に係る会計基準に関する意見書」
1995年5月26日		「外貨建取引等会計処理基準の改訂について」
1996年6月18日		「監査基準、監査実施準則及び監査報告準則の改定について」

1997年6月6日	「連結財務諸表制度の見直しに関する意見書」	
1998年3月13日	「連結キャッシュ・フロー計算書等の作成基準の設定に関する意見書」	
3月13日	「研究開発費等に係る会計基準の設定に関する意見書」	
3月13日	「中間連結財務諸表等の作成基準の設定に関する意見書」	
6月16日	「退職給付に係る会計基準の設定に関する意見書」	
6月16日	商法と企業会計の調整に関する研究会 「商法と企業会計の調整に関する研究会報告書」	
6月15日	「中間監査基準」	
10月30日	大蔵省企業会計審議会 「税効果会計に係る会計基準の設定に関する意見書」	
10月30日	「連結財務諸表における子会社及び関連会社の範囲の見直しに係る具体的な取扱い」	
1999年1月22日	「金融商品に係る会計基準の設定に関する意見書」	
2月19日	「有価証券報告書等の記載内容の見直しに係る具体的な取扱い」	
10月22日	「外貨建取引等会計処理基準の改訂に関する意見書」	
2002年1月25日	「監査基準の改定について」	
8月9日	「固定資産の減損に係る会計基準の設定に関する意見書」	
12月6日	「中間監査基準の改定について」	
2003年10月31日	「企業結合に係る会計基準の設定に関する意見書」	
2004年11月29日	「財務情報等に係る保証業務の概念的枠組みに関する意見書」	
2005年10月28日	「監査基準及び中間監査基準の改訂に関する意見書並びに監査に関する品質管理基準の設定に係る意見書」	
2006年7月31日	「会計基準のコンバージェンスに向けて」意見書	
2007年2月15日	「財務報告に係る内部統制の評価及び監査の基準並びに財務報告に係る内部統制の評価及び監査に関する実施基準の設定について（意見書）」	
3月27日	「四半期レビュー基準の設定に関する意見書」	
2009年4月10日	「監査基準の改訂に関する意見書」	
6月30日	「我が国における国際会計基準の取扱いに関する意見書（中間報告）」	
6月30日	「中間監査基準及び四半期レビュー基準の改訂に関する意見書」	

図表2-5　企業会計基準委員会：企業会計基準

2002年2月21日	企業会計基準第1号「自己株式及び法定準備金の取崩等に関する会計基準」
9月25日	企業会計基準第2号「1株当たり当期純利益に関する会計基準」
2005年3月16日	企業会計基準第3号「『退職給付に係る会計基準』の一部改正」
11月29日	企業会計基準第4号「役員賞与に関する基準」
12月9日	企業会計基準第5号「貸借対照表の純資産の部の表示に関する会計基準」
12月27日	改正企業会計基準第1号「自己株式及び準備金の額の減少等に関する会計基準」
12月27日	企業会計基準第6号「株主資本等変動計算書に関する会計基準」

12月27日	企業会計基準第7号「事業分離等に関する会計基準」
12月27日	企業会計基準第8号「ストック・オプション等に関する会計基準」
2006年1月31日	改正企業会計基準第2号「1株当たり当期純利益に関する会計基準」
7月5日	企業会計基準第9号「棚卸資産の評価に関する会計基準」
8月11日	企業会計基準第10号「金融商品に関する会計基準」
8月11日	改正企業会計基準第1号「自己株式及び準備金の額の減少等に関する会計基準」
10月17日	企業会計基準第11号「関連当事者の開示に関する会計基準」
2007年3月14日	企業会計基準第12号「四半期財務諸表に関する会計基準」
3月30日	企業会計基準第13号「リース取引に関する会計基準」
5月15日	企業会計基準第14号「『退職給付に係る会計基準』の一部改正(その2)」
6月15日	企業会計基準第10号「金融商品に関する会計基準」の改正
12月27日	企業会計基準第15号「工事契約に関する会計基準」
2008年3月10日	企業会計基準第16号「持分法に関する会計基準」
3月10日	改正企業会計基準第10号「金融商品に関する会計基準」
3月21日	企業会計基準第17号「セグメント情報等の開示に関する会計基準」
3月31日	企業会計基準第18号「資産除去債務に関する会計基準」
7月31日	企業会計基準第19号「『退職給付に係る会計基準』の一部改正(その3)」
9月26日	改正企業会計基準第9号「棚卸資産の評価に関する会計基準」
11月28日	企業会計基準第20号「賃貸等不動産の時価等の開示に関する会計基準」
12月26日	企業会計基準第21号「企業結合に関する会計基準」 企業会計基準第22号「連結財務諸表に関する会計基準」 企業会計基準第23号「『研究開発費等に係る会計基準』の一部改正」 改正企業会計基準第7号「事業分離等に関する会計基準」 改正企業会計基準第16号「持分法に関する会計基準」
12月26日	改正企業会計基準第12号「四半期財務諸表に関する会計基準」
2009年3月27日	改正企業会計基準第5号「貸借対照表の純資産の部の表示に関する会計基準」 改正企業会計基準第12号「四半期財務諸表に関する会計基準」 改正企業会計基準第17号「セグメント情報等の開示に関する会計基準」
6月26日	改正企業会計基準第12号「四半期財務諸表に関する会計基準」
12月4日	企業会計基準第24号「会計上の変更及び誤謬の訂正に関する会計基準」

図表2-6　企業会計基準委員会：企業会計基準等適用指針

2002年1月31日	企業会計基準適用指針(以下同じ)第1号 「退職給付制度間の移行等に関する会計処理」
2月21日	第2号「自己株式及び法定準備金の取崩等に関する会計基準適用指針」
2月21日	第3号「その他資本剰余金処分による配当金を受けた株主の会計処理針」
9月25日	第4号「1株当たり当期純利益に関する会計基準の適用指針」
9月25日	第5号「自己株式および法定準備金取崩等に関する会計基準適用指針(そ

		の2)」
2003年10月31日		企業会計基準適用指針（以下同じ）第6号「固定資産の減損に係る会計基準の適用指針」
2005年3月16日		第7号『『退職給付に係る会計基準』の一部改正に関する適用指針」
	12月9日	第8号「貸借対照表の純資産の部の表示に関する会計基準等の適用指針」
	12月27日	改正企業基準適用指針第2号「自己株式及び準備金の額の減少等に関する会計基準の適用指針」
	12月27日	第9号「持主資本等変動計算書に関する会計基準の適用指針」
	12月27日	改正企業会計基準適用指針第3号「その他資本金剰余金の処分による配当を受けた持主の会計処理」
	12月27日	第10号「企業結合会計基準及び事業分離等会計基準に関する適用指針」
	12月27日	第11号「ストック・オプション等に関する会計基準の適用指針」
2006年1月31日		改正企業会計基準適用指針第4号「1株当たり当期純利益に関する会計基準の適用指針」
	3月30日	第12号「その他の複合金融商品（払込資本を増加させる可能性のある部分を含まない複合金融商品）に関する会計処理」
2007年4月25日		第17号「払込資本を増加させる可能性のある部分を含む複合金融商品に関する会計処理」
	11月15日	改正企業会計基準適用指針第10号「企業結合会計基準及び事業分離等会計基準に関する適用指針」
	12月27日	企業会計基準適用指針第18号「工事契約に関する会計基準の適用指針」
2008年1月24日		企業会計基準適用指針第6号「固定資産の減損に係る会計基準の適用指針」の改正
	3月10日	企業会計基準適用指針第19号「金融商品の時価等の開示に関する適用指針」
	3月21日	企業会計基準適用指針第20号「セグメント情報等の開示に関する会計基準の適用指針」
	3月31日	企業会計基準適用指針第21号「資産除去債務に関する会計基準の適用指針」
	5月13日	企業会計基準適用指針第22号「連結財務諸表における子会社及び関連会社の範囲の決定に関する適用指針」
	6月20日	企業会計基準適用指針第15号「一定の特別目的会社に係る開示に関する適用指針」の改正
	11月28日	企業会計基準適用指針第23号「賃貸等不動産の時価等の開示に関する会計基準の適用指針」
	12月26日	改正企業会計基準適用指針第10号「企業結合会計基準及び事業分離等会計基準に関する適用指針」
	12月26日	改正企業会計基準適用指針第14号「四半期財務諸表に関する会計基準の適用指針」
2009年3月27日		改正企業会計基準適用指針第8号「貸借対照表の純資産の部の表示に関する会計基準等の適用指針」 改正企業会計基準適用指針第14号「四半期財務諸表に関する会計基準の適用指針」 改正企業会計基準適用指針第6号「固定資産の減損に係る会計基準の適用指針」

第 2 章 わが国の企業会計制度

	改正企業会計基準適用指針第22号「連結財務諸表における子会社及び関連会社の範囲の決定に関する適用指針」
12月4日	企業会計基準適用指針第24号「会計上の変更及び誤謬の訂正に関する会計基準の適用指針」

図表 2-7　企業会計基準委員会：企業会計基準等実務対応報告

2002年3月29日	第1号「新株予約権及び新株予約権付社債の会計処理に関する実務上の取扱い」
3月29日	第2号「退職給付制度間の移行等の会計処理に関する実務上の取扱い」
5月21日	第3号「潜在株式調整後1株当たり当期純利益に関する当面の取扱い」
8月29日	第4号「連結納税制度を適用する場合の中間財務諸表等における税効果会計に関する当面の取扱い」
10月9日	第5号「連結納税制度を適用する場合の税効果会計に関する当面の取扱い（その1）」
2003年2月6日	第7号「連結納税制度を適用する場合の税効果会計に関する当面の取扱い（その2）」
3月13日	第9号「1株当たり当期純利益に関する実務上の取扱い」
2004年3月9日	第13号「役員賞与に関する当面の取扱い」
3月22日	第14号「固定資産の減損に係る会計基準の早期適用に関する実務上の取扱い」
2005年12月27日	改正実務対応報告第1号「旧商法による新株予約権及び新株予約権付社債の会計処理に関する実務上の取扱い」
12月27日	第16号「会社法による新株予約権及び新株予約権付社債の会計処理に関する実務上の取扱い」
2006年1月31日	改正実務対応報告第9号「1株当たり当期純利益に関する実務上の取扱い」
3月30日	第17号「ソフトウエア取引の収益の会計処理に関する実務上の取扱い」
5月17日	第18号「連結財務諸表作成における在外子会社の会計処理に関する当面の取扱い」
8月11日	第20号「繰延資産の会計処理に関する当面の取扱い」
2007年8月2日	第22号「信託の会計処理に関する実務上の取扱い」
2008年3月10日	実務対応報告第24号「持分法適用関連会社の会計処理に関する当面の取扱い」
10月28日	実務対応報告第25号「金融資産の時価の算定に関する実務上の取扱い」
12月5日	実務対応報告第26号「債券の保有目的区分の変更に関する当面の取扱い」
2009年3月27日	改正実務対応報告第20号「投資事業組合に対する支配力基準及び影響力基準の適用に関する実務上の取扱い」 改正実務対応報告第21号「有限責任事業組合及び合同会社に対する出資者の会計処理に関する実務上の取扱い」
4月9日	実務対応報告第27号「電子記録債権に係る会計処理及び表示についての実務上の取扱い」
6月23日	改正実務対応報告第15号「排出量取引の会計処理に関する当面の取扱い」

第3章 企業会計原則

1. 企業会計原則の意義

　企業の公表する財務諸表が社会的に安心して受け入れられるためには一般に公正妥当と認められた会計上の約束事である会計基準により作成されたものでなければならない。その会計基準を企業会計原則という。わが国の企業会計原則は，第2次世界大戦後の経済復興の1つとして企業会計制度の近代化と発展のために，昭和24（1949）年に公表され，その後，数次にわたる大小の改訂を経て，現在に至っている。

　企業会計原則の性格は，企業会計原則前文「企業会計原則の制定について」において，次の3点を明らかにしている。

① 企業会計原則は，企業会計の実務の中に慣習として発達したものの中から，一般に公正妥当と認められたところを要約したものであって，必ずしも法令によって強制されないでも，すべての企業がその会計を処理するに当って従わなければならない基準である。

② 企業会計原則は，公認会計士が，証券取引法に基づき財務諸表の監査を行う場合には従わなければならない基準である。

③ 企業会計原則は，将来において，商法，税法等の企業会計に関係ある諸法令が制定改廃される場合に尊重されなければならないものである。

　なお，2006年5月施行の旧商法を改正に伴う新会社法では，企業会計原則の性格について再認識させる規定が盛り込まれている。つまり，従来の商法32条2項において「商業帳簿ノ作成ニ関スル規定ノ解釈ニツイテハ公正ナル

会計慣行ヲ斟酌スベシ」(32条②) という斟酌規定から，新会社法431条において「株式会社の会計は，一般に公正妥当と認められる企業会計の慣行に従うものとする」という遵守規定となった。しかし，新会社計算規則3条では，従来同様に「この省令の用語の解釈及び規定の適用に関しては，一般に公正妥当と認められる企業会計の基準その他の企業会計の慣行をしん酌しなければならない」という斟酌規定のままである。

2. 企業会計原則の構成

わが国の企業会計原則は，①一般原則，②損益計算書原則および③貸借対照表原則の三部構成となっている。さらに，本文の他に，④企業会計原則注解（以下「注解」と略す）が設けられている。

このうち，一般原則は，企業会計全般にわたる包括的な基本原則であり，損益計算書や貸借対照表などの財務諸表の作成に共通する基礎的な諸原則を示したものである。また，一般原則は，会計担当者の具体的な会計処理や報告を行うときの一般的な行動指針にもなっている。

損益計算書原則と貸借対照表原則は，それぞれ損益計算書と貸借対照表の作成のための処理または報告についての基準を示したものである。具体例をあげるならば，損益計算諸原則には，損益計算書における損益認識原則としての発生主義の原則，実現主義の原則および費用収益対応の原則など，また損益計算書の報告原則としての総額主義の原則や区分表示の原則などがある。貸借対照表原則には，貸借対照表能力原則としての貸借対照表完全性の原則，貸借対照表の資産評価原則としての取得原価主義の原則，および貸借対照表の報告原則としての総額主義の原則や区分表示の原則などがある。

注解は，一般原則，損益計算書原則および貸借対照表原則を通じてその解釈の違いが生じないように，特に注意を要する重要事項について統一的な解釈を行っている。具体的には注解1「重要性の原則の適用について」から注解25

「営業権（「のれん」―筆者加筆）について」にわたって明らかにされている。

3. 一般原則の体系と相互関係

企業会計原則の一般原則として次の7つがある。
① 真実性の原則
② 正規の簿記の原則
③ 資本取引・損益取引区分の原則
④ 明瞭性の原則
⑤ 継続性の原則
⑥ 保守主義の原則
⑦ 単一性の原則

それぞれの一般原則は，並列的な関係ではなく，一般原則のうち真実性の原則は，他の一般原則の上位原則であるとともに，当然のことながら具体的な損益計算書および貸借対照表などの財務諸表を作成するための会計処理や会計報告の諸原則または諸基準も従わなくてはいけない企業会計全般を支配する最高位の原則として位置付けられる。

真実性の原則は，貸借対照表および損益計算書などの財務諸表の真実な会計報告を求めるための原則であり，他の6つの一般原則は真実な会計報告を実現保証するための一般原則といえる。つまり，貸借対照表や損益計算書などの財務諸表を他の一般原則に準拠して作成したときには，真実な会計報告となり，真実性の原則が保証されることを意味する。

真実な会計報告を保証する他の一般原則には，実質的な会計処理面からみた場合と形式的な記録・報告面からみた場合がある。前者の一般原則には，資本取引・損益取引区分の原則，継続性の原則および保守主義の原則が該当し，後者の一般原則には明瞭性の原則および単一性の原則が該当する。なお，記録・会計処理の両面に該当するものには正規の簿記の原則がある。

この他に、一般原則に準ずるものに重要性の原則がある。この原則は、会計処理や報告にあたり、本来の厳密的な方法よりも簡便的な方法を容認する原則である。

4. 真実性の原則

> 企業会計は、企業の財政状態及び経営成績に関して、真実な報告を提供するものでなければならない（一般原則1）

これは「真実性の原則」とよばれ、他の一般原則の上位原則であるとともに、企業会計全般を支配する最高位の原則でもある。

真実性の原則は、企業の財政状態及び経営成績を財務諸表によって報告することから、真実な会計報告つまり真実な財務諸表の作成を要求した原則である。ここでの真実な会計報告は、真実な会計処理がなされていることが当然、前提となっている。

作成される財務諸表は、「記録された事実と会計上の慣習と個人的判断を結合した産物」といわれているように、会計事実たる帳簿記録を基に、会計上の慣習たる会計原則に照らし合わせながら、最終的に会計担当者の個人的判断を下しながら作成されている。そこにおいては、唯一絶対的な会計数値の計算は不可能である。

したがって、ここでいう真実性の原則は、唯一絶対的な会計数値の計算を求める絶対的真実性ではなく、個人的判断を伴う選択余地のある会計数値の計算を容認する相対的真実性をいう。つまり、相対的真実性は、同一の会計事実について、複数の認められた会計処理方法が存在している場合、どの方法を選択適用するかは企業の自由にまかせているので、結果が異なることも容認しているのである。たとえば、棚卸資産の期末評価にあたり、先入先出法、後入先出法、移動平均法、総平均法などがあり、いずれの方法を採用し、その結果が異

なっても真実な方法と認められている。同様に，減価償却方法にも，定額法や定率法などがあるが，そこでの選択適用も企業の自由に任せており，その結果が異なっても真実な方法となる。

なお，選択適用のある会計方法が2つ以上ある場合には，利益操作のために経営者が毎期都合のよいものを選ぶこともある。この場合には，利益操作された財務諸表は，相対的真実性が失われ，真実性の原則に反することになる。このような真実性の原則に反する行為をなくすために，後述する継続性の原則を適用することにより，真実性を保証している。

5. 正規の簿記の原則

> 企業会計は，すべての取引につき，正規の簿記の原則にしたがって，正確な会計帳簿を作成しなければならない（一般原則2）

これは，「正規の簿記の原則」とよばれ，会計処理面と記録面の両面から真実性の原則を保証する原則である。つまり，経営成績や財政状態を明らかにするためには真実な会計報告，つまり真実な財務諸表の作成が必要であるが，そのためには正確な会計帳簿の作成を要求している。

なお，正規の簿記の原則の成立要件には，網羅性，検証可能性および秩序性の3つがある。

(1) 網羅性

これは，記録すべき取引事実を細大もらすことなく網羅的に会計帳簿に正確に記録するということである。つまり，正確に記録すべき取引事実とは，取引の記入もれや架空計上がないということである。

(2) 検証可能性

これは，検証性，立証性ともいわれ，すべての記録すべき取引事実は，領収書，請求書，納品書など検証可能な客観的な証拠資料に基づいていなければな

らないということである。

(3) 秩序性

これは，すべての記録すべき取引事実が，一定の法則にしたがって秩序正しく整然かつ体系的または組織的に行われているということである。ここに一定の法則とは，会計帳簿から誘導されて財務諸表が作成できる体系的または組織的ルールのことであり，いわゆる誘導法による財務諸表の作成のことを指している。

誘導法による財務諸表の作成のための体系的または組織的ルールとしては複式簿記が最も望ましい記帳方法である。なお，複式簿記以外の単式簿記の記帳方法でも，一定の体系的または組織的ルールに秩序性があるとみられる場合にはなんら問題はない。

なお，正規の簿記の原則における要件の1つに網羅性があるように，貸借対照表には，決算日におけるすべての資産および負債をもれなく記載しなければならない。しかし，重要性が乏しいために，本来の厳密な方法ではなく，簡便な方法で処理した結果，貸借対照表に資産や負債として計上しなかったことによる簿外資産や簿外負債が生じても，真実性の原則による経営成績や財政状態の判断を誤らせしめることの程度が僅少であるときには，この簡便な方法による会計処理も正規の簿記の原則により処理されたものとみなされる。このことを「重要性の原則」といい，後で詳しく述べる。

6. 資本取引・損益取引区分の原則

> 資本取引と損益取引とを明瞭に区別し，特に資本剰余金と利益剰余金とを混同してはならない（一般原則3）

これは，「資本取引・損益取引区分の原則」とよばれ，「資本・利益区分の原則」または「剰余金区分の原則」ともいわれる。この原則は，資本と利益を明

確に区分することで，企業の中心課題である適正な期間損益計算を行うことができ，その結果として真実な財務諸表を作成することになり，会計処理面から真実性の原則を実質的に保証している。

ここでの資本取引とは，元本である資本の直接的な増減・変動・移転などをいい，本質的に維持・拘束性を伴う取引である。具体的には，会社設立時の資本元入れ，増資や減資による資本の追加元入れや払い戻し，新株引受権付社債や転換社債の株式への転換などがある。なお，資本取引から生じた資本金組入を除く剰余金を資本剰余金といい，それには，資本準備金とその他資本剰余金とがある。

他方，損益取引とは，元本である資本を運用したことによる利益や損失を伴うもので，本質的に処分性を伴う取引のことで，法律上でいう元本に対する果実に相当するものである。なお，損益取引から生じた利益留保額としての剰余金を利益剰余金といい，利益準備金とその他利益剰余金がある。

資本と利益を明確に区別する理由としては，適正な期間損益計算を行うことである。たとえば，資本取引を損益取引と混同して処理すると，資本が利益として扱われ，本来維持・拘束されるべきものが利益処分される可能性が生じ，資本の食いつぶし状態となる。逆に損益取引を資本取引として混同して処理すると，利益の過大表示または利益の隠蔽状態となる。いずれにしても適正な期間損益計算ができなくなる。

7. 明瞭性の原則

> 企業会計は，財務諸表によって，利害関係者に対し会計事実を明瞭に表示し，企業の状況に関する判断を誤らせないようにしなければならない（一般原則4）

これは，「明瞭性の原則」とよばれ，「公開性の原則」ともいわれる。この原則は，会計報告または表示という形式面から真実性の原則を保証または実現す

る原則である。

この原則は，公表された財務諸表から，企業の利害関係者がその財政状態や経営成績の正しい判断ができることであり，そのための必要にして十分な会計事実の明瞭表示を要求したものである。

明瞭表示の方法には，財務諸表を使って，単に記録や計算結果の形式的な明瞭表示だけでなく，記録や計算結果の過程などの実質的な明瞭表示がある。

明瞭表示の具体例としては，次のようなものがある。

(1) 科目の表示において区分・対応表示の原則に従うこと

これは，財務諸表上の勘定科目の配列順序に関する原則である。財務諸表上の勘定科目は単純に羅列するのではなく，一定の基準により区分表示または対応表示を要求する原則である。たとえば，貸借対照表上の資産・負債の配列には，1年基準や営業循環基準を適用して区分表示することとか，損益計算書では，収益と費用を発生源泉別に区分表示すること，さらに売上高と売上原価を対応表示することなどが，その例となる。

(2) 金額の表示において総額主義の原則に従うこと

総額主義の原則とは，貸借対照表では，資産と負債の全部または一部を相殺消去してその差額を表示しないこと，また，損益計算書では，収益と費用との全部または一部を相殺消去してその差額を表示しないこと，つまり記録どおりに総額で表示することを要求した原則である。貸借対照表における総額表示は，企業の財政規模が明確になり，企業の安全性や健全性についての正しい判断ができる。同様に，損益計算書における総額表示は，企業の取引規模が明確になり，企業の収益性についての正しい判断ができる。

(3) 報告式による財務諸表であること

財務諸表の表示形式としては勘定式と報告式があるが，会計の専門的知識がない人でも理解できるようにするときには，勘定式よりも報告式による方が望ましい。

(4) 附属明細表を作成すること

貸借対照表や損益計算書の主要項目（たとえば有形固定資産，社債，借入金等，資本金等，引当金など）について，期末残高や期中増減等の内訳を明らかにするために，附属明細表の作成が要請されている。このことにより，財務諸表利用者の経営成績や財政状態の判断を，より一層正確に行うことができる。

(5) 重要な事項の注記を行うこと

財務諸表利用者が企業の状況に関して判断する上で，財務諸表の本体では明確になっていない重要な事項については，脚注や付記の方法を用いて注記することになっている。これには，重要な会計方針，重要な後発事象，その他の重要事項がある。

① 重要な会計方針

注記を必要とする会計方針とは，企業が損益計算書および貸借対照表などの財務諸表を作成するに当たって，その経営成績や財政状態を正しく示すために採用した会計処理の原則および手続ならびに表示方法をいう。ここでの会計方針の注記は，損益の状況に影響を及ぼす1つの会計事実に代替的方法が認められている場合である。したがって，代替的方法がないときには注記を省略できる。

企業会計原則注解によると，会計方針の注記例として次のものをあげている（注解1-2「重要な会計方針の開示について」）。

　イ．有価証券の評価基準および評価方法
　ロ．棚卸資産の評価基準および評価方法
　ハ．固定資産の減価償却方法
　ニ．繰延資産の処理方法
　ホ．外貨建資産・負債の本邦通貨への換算基準
　ヘ．引当金の計上基準
　ト．費用・収益の計上基準

② 重要な後発事象

注記を必要とする後発事象とは，決算日である貸借対照表日以後の貸借対照表や損益計算書などの財務諸表の作成日までに発生した事象で，次期以後の財政状態や経営状態に重大な影響を及ぼすものをいう。このことにより企業の将来の財政状態や経営成績を理解するための補足的情報として役立つことになる。

企業会計原則注解によると，後発事象の注記例として次のものをあげている（注解1-3「重要な会計方針の開示について」）。

イ．火災，出水等による重大な損害の発生
ロ．多額に増資または減資および多額の社債の発行または繰上償還
ハ．会社の合併，重要な営業の譲渡または譲受
ニ．重要な係争事件の発生または解決
ホ．主要な取引先の倒産

③ その他の重要事項

その他の重要事項の例としては，1株当たりの当期純利益や1株当たりの純資産額のほかに，受取手形の割引高または裏書譲渡高，保証債務等の偶発債務，債務の担保に供している資産など，必要に応じて注記することになっている。

ところで，明瞭性の原則には，財務諸表によってすべての項目をもれなく詳細に記載することを要求する詳細性と，あまりにも詳細すぎるとかえって財務諸表利用者の判断を鈍くすることになることから，ある程度まとめた財務諸表を見やすく作成することを要求する概観性との相反する関係が存在する。したがって，この両者の調和のために，財務諸表の科目や配列に見た目の概観性を重視し，その補足のために各種の注記事項や附属明細表などがあると考えられる。

明瞭性の原則は，後述する重要性の原則とも密接な関係を有している。重要性が大きい科目や金額については，特別な科目または注記方法を用いて財務諸

表で記載することを要求している。たとえば，内容が不明な仮払金や仮受金などの科目についてはその内容をあらわす適当な科目で，また企業の内部者や親子関係にある企業などの取引で金額的に重要と思われる場合には特別な科目を用いて表示するか注記の方法により表示するなどがあげられる。

したがって，重要性の乏しいものについては，経営成績や財政状態についての判断を誤らせることが少ないと考えられるので，財務諸表の区分，配列，科目の表示では，厳密な方法によらなくても明瞭性の原則に反しないことになっている。

8. 継続性の原則

> 企業会計は，その処理の原則及び手続を毎期継続して適用し，みだりにこれを変更してはならない（一般原則5）

これは，「継続性の原則」とよばれ，会計の処理の原則および手続を毎期継続して適用することで，真実性の原則を会計処理の面から実質的に保証するものである。

継続性の原則が問題となるのは，1つの会計事実について2つ以上の会計処理の原則または手続の選択適用が認められている場合で，いったん選択適用した方法を毎期継続して適用しないときには，同一事実について異なる利益額が算出されることになり，財務諸表の期間比較を困難にすることにある（注解3「継続性の原則について」）。たとえば，棚卸資産の評価方法として，先入先出法，後入先出法，移動平均法，総平均法などの方法が，減価償却方法として定額法や定率法などの方法の選択適用が認められている場合などが，この原則の適用例となる。

したがって，継続性の原則は，経営者による利益操作の排除と財務諸表の期間比較を確保するために，いったん選択適用した会計処理または手続の継続適

用し，これをみだりに変更しないことを要求する原則である。

ここで，「みだりに変更をしないこと」とは，正当な理由があれば変更できることを意味している。変更したときには，その旨を財務諸表に注記することになっている（注解3「継続性の原則について」）。このときの正当な理由の例としては，企業の外的要因と内的要因がある。正当な理由の外的要因としては，次のイとロの例が，内的要因としてはハの例がある。

イ．関係諸法令の改廃による，会計処理や手続の変更を必要としたとき
ロ．著しいインフレーションやデフレーションなど著しい経済変動があったとき
ハ．合併や組織変更などによる経営規模や経営組織の変更，取扱品目や製造方法の変更などによる営業目的の変更などがあったとき

いずれにしても，以前採用していた正当な会計処理および手段よりも，より合理的で正当な会計処理および手段になるような変更でなければ，ここでの継続性の原則の問題にはならない。

9. 保守主義の原則

> 企業会計の財政に不利な影響を及ぼす可能性がある場合には，これに備えて適当に健全な会計処理をしなければならない（一般原則6）

これは，「保守主義の原則」とよばれ，「安全性の原則」・「慎重性の原則」・「健全性の原則」ともいわれ，将来の不確実性に対処するための慎重な会計処理を行うことを要求する会計処理面から真実性の原則を保証する原則である。

この原則は，イギリスの格言である「予想の利益は計上すべからず，予想の損失は計上すべし」ということから生まれ，いわゆる実務上の要請から会計処理の慣行として広く一種の美徳として普及したものである。

この原則は，企業を取り巻く不確実な経済環境の状況において，将来の不安

に備えて健全で慎重な会計処理，つまり，収益は確実なものだけを計上し，費用は予想されるものを含め細大もらさず計上することで利益をできるだけ控えめに算出するという会計処理を要求したものである。

この原則の適用例としては，①有価証券や棚卸資産の評価における低価法の採用，②減価償却計算における定額法より定率法の採用，または耐用年数の短縮，③引当金の計上，④繰延資産の償却期間の短縮，⑤割賦販売における回収基準や回収期限到来日基準による収益の認識，⑥インフレーション時の棚卸資産の評価における先入先出法よりも後入先出法（この方法は「棚卸資産の評価に関する会計基準」において，現在認められなくなった）の採用などがある。

しかし，保守主義の原則は真実性の原則との関係においては相互に矛盾し相反すると考えられるが，企業財政の安全性の観点で，適正な期間損益計算の算出における利益の過大計上の適用を戒めるという会計処理は真実性の原則に合致していると考えられている。

なお，過度に保守的な会計処理を行うこと（過度の保守主義），つまり合理的な限度を超えた意識的な資産の過少計上や負債の過大計上により，結果として利益を過小計上することは，企業の財政状態や経営成績の真実な報告をゆがめることになり，このことは真実性の原則に反することになる（注解4「保守主義について」）。

10. 単一性の原則

> 株主総会提出のため，信用目的のため，租税目的のため等種々の目的のために異なる形式の財務諸表を作成する必要がある場合，それらの内容は，信頼しうる会計記録にもとづいて作成されたものであって，政策の考慮のために事実の真実な表示をゆがめてはならない（一般原則7）

これは，「単一性の原則」とよばれ，会計報告面から真実性の原則を保証す

るものである。

　この原則は，会計報告としての財務諸表の形式に，種々の目的をもって作成することを認めるが，その作成にあたっては，その基礎となる会計記録や会計帳簿は単一のものを使用することを要求したもので，いわゆる二重帳簿の作成を禁止したものである。

　単一性の原則は，株主総会への提出目的のため，信用目的のため，租税目的のためなど種々の目的のために，企業が作成する財務諸表の項目の設定，配列，分類など形式面での多様性を認めるが，利益額，資産総額，負債総額および資本（純資産）総額などについては，報告される内容の異なる複数の財務諸表を作成してはならないということである。

　このように，特定目的のための財務諸表に対しては形式多元を認め，その内容の実質一元を要求することで，相対的真実性を報告面から保証するものである。

11. 重要性の原則

　重要性の原則は，7つの一般原則のように会計担当者の行動指針を指すものではないが，実務上の要請から一般原則に準ずるものとして，次のように規定されている。

> 　企業会計は，定められた会計処理の方法にしたがって正確な計算を行うべきものであるが，企業会計が目的とするところは，企業の財務内容を明らかにし，企業の状況に関する利害関係者の判断を誤らせないようにすることにあるから，重要性の乏しいものについては，本来の厳密な会計処理によらないで他の簡便な方法によることも正規の簿記の原則に従った処理として認められる。重要性の原則は，財務諸表の表示に関しても適用される（注解1「重要性の原則適用について」）。

　この原則は，重要性の乏しいものについては，特に企業の状況に関する利害

関係者の判断に重要な影響を及ぼすものでない限り，厳密な会計処理や報告を行うことなく，簡便的な方法を採用してもよいという省略容認原則である。逆にこの原則は，「重要性の高いもの」についてはより厳密な会計処理や会計報告での表示を行うことを要求した原則でもある。

ここでの重要性の判断のための基準としては，①科目の重要性と②金額の重要性があるが，企業の経営成績と財政状態の報告からみて相対的に判断されることになる。前者の「科目の重要性」としては，利害関係者の判断を誤らせることになる仮払金・仮受金・未決算などの内容が不明確なものは避け，その具体的内容を明瞭に表す科目を用いて表示するとか，同様に企業内部者や親子関係にある企業との取引については特別の科目による表示または注記によってその内容を明らかにすることがあげられる。後者の「金額の重要性」については，その金額が相対的に小さいかどうか（財務諸表等規則では，科目により100分の1，100分の10，100分の20の基準などで判断されることが多い）であり，小さいものについては，他の科目にまとめて記載することを容認する。

重要性の原則の具体例としては，次の5つをあげている（注解1「重要性の原則の適用について」）。

① 消耗品，消耗工具器具備品その他の貯蔵品等のうち，重要性の乏しいものについては，その買入時または払出時に費用として処理できる。

② 前払費用，未収収益，未払費用および前受収益などの経過勘定項目のうち，重要性の乏しいものについては，これを計上しないことができる。

③ 引当金のうち重要性の乏しいものについては，これを計上しないことができる。

④ 棚卸資産の取得原価に含めるべき付随費用のうち，重要性の乏しいものについては，これを取得原価に算入しないで費用処理することができる。

⑤ 分割返済の定めのある長期の債権・債務のうち，期限が1年以内に到来するもので，重要性の乏しいものについては，固定資産または固定負債のままこれを計上することができる。

このうち①から④までが会計処理に関する重要性の原則の例示であり，そこでは簿外負債や簿外資産が認められることになり，会計処理面での正規の簿記の原則と，⑤は表示についての重要性の原則の例示であり，会計報告面での明瞭性の原則と密接な関係を有している。

第2部
財務諸表の作成・報告原理とその分析

第4章 貸借対照表の原理

1. 貸借対照表の意義

　貸借対照表は，一定時点の企業資本の運用形態を示す資産とその調達源泉を示す負債および純資産（資本）を，具体的に一覧表示することで，財政状態を明らかにした報告書である。企業会計原則の貸借対照表原則1に次のように規定されている。「貸借対照表は，企業の財政状態を明らかにするため，貸借対照表日におけるすべての資産，負債及び純資産（資本）を記載し，株主，債権者その他の利害関係者にこれを正しく表示するものでなければならない。」（筆者加筆修正）

　貸借対照表は，その作成時期から，①営業開始時に作成する「開業貸借対照表」，②清算（解散）時に作成される「清算貸借対照表」，③毎決算時の期末時に作成する「決算貸借対照表」，④会計期間の中間または四半期時に作成する「中間または四半期貸借対照表」などがある。

　一般に，貸借対照表とは，誘導法により作成される決算貸借対照表のことである。誘導法とは，正規の簿記の原則（通常は複式簿記）により作成された会計帳簿をもとに貸借対照表を作成する方法である。これに対して，財産目録法または棚卸法による貸借対照表の作成があるが，これは一定時点での資産や負債の棚卸による財産目録から貸借対照表を作成する方法で，特殊なものである。

2．貸借対照表の体系（様式）

貸借対照表の体系（様式）には，勘定式貸借対照表と報告式貸借対照表がある。

(1) 勘定式貸借対照表

勘定式貸借対照表は，企業資本の運用形態としての「資産」を借方（左側）に，その調達源泉を示している「負債」と「純資産（資本）」を貸方（右側）にまとめて，左右対称に記載する方法である。次ページに，勘定式貸借対照表の様式例を記載した。

この例示によると，借方（左側）には企業資本の運用形態を表す「資産の部」が設けられ，そこに流動資産 374,400 円，固定資産 129,600 円および繰延資産 6,000 円で，その合計である資産合計は 510,000 円となっている。また，貸方（右側）には，企業資本の調達源泉を表す「負債の部」と「純資産（資本）の部」が設けられ，負債の部には，流動負債 196,400 円，固定負債 134,800 円で，その合計である負債合計は 331,200 円である。また，純資産（資本）の部には，資本金の 80,000 円などを合計した株主資本としての 177,000 円，評価・換算差額等 800 円，新株予約権の 1,000 円，さらにそれらを合計した純資産（資本）合計は 178,800 円である。また，貸方合計である負債・純資産（資本）合計は，510,000 円であり，資産合計 510,000 円と必ず一致する。

(2) 報告式貸借対照表

報告式貸借対照表は，46 ページに示すように，最初に「資産の部」を，次いで「負債の部」を，最後に「純資産（資本）の部」を上下に記載する方法である。資産合計（上記の例では 510,000 円）と負債・純資産（資本）合計（上記の例では 510,000 円）を表示するようにして，その金額は，当然のことながら一致する。

〈勘定式貸借対照表の雛形〉

貸 借 対 照 表
平成X1年12月31日　　　　　　　　　単位：円

資産の部				負債の部	
Ⅰ　流動資産				Ⅰ　流動負債	
現 金 預 金			93,800	支 払 手 形	62,000
受 取 手 形	72,500			買 掛 金	89,400
貸倒引当金	1,450		71,050	短期借入金	20,000
売 掛 金	107,500			未払法人税等	24,000
貸倒引当金	2,150		105,350	流動負債合計	196,400
有 価 証 券			57,200	Ⅱ　固定負債	
商　　品			45,000	社　　債	96,000
前 払 費 用			2,000	退職給付引当金	38,800
流動資産合計			374,400	固定負債合計	134,800
Ⅱ　固定資産				負債合計	331,200
1　有形固定資産				純資産（資本）の部	
建　　物	130,000			Ⅰ　株主資本	
減価償却累計額	47,000		83,000	1　資 本 金	80,000
備　　品	48,000			2　資本剰余金	
減価償却累計額	21,000		27,000	資本準備金	30,000
有形固定資産合計			110,000	資本剰余金合計	30,000
2　無形固定資産				3　利益剰余金	
特 許 権			9,600	利益準備金	20,000
無形固定資産合計			9,600	その他利益剰余金	47,000
3　投資その他の資産				利益剰余金合計	67,000
長期貸付金			10,000	株主資本合計	177,000
投資その他の資産合計			10,000	Ⅱ　評価・換算差額等	
固定資産合計			129,600	その他有価証券評価差額金	800
Ⅲ　繰延資産				評価・換算差額合計	800
株式交付費			6,000	Ⅲ　新株予約権	1,000
繰延資産合計			6,000	純資産（資本）合計	178,800
資産合計			510,000	負債・純資本（資本）合計	510,000

第4章　貸借対照表の原理

〈報告式貸借対照表の雛形（一部抜粋）〉

貸　借　対　照　表
平成X1年12月31日　　　　単位：円

(資産の部)
　　　　　　　　　　　⋮　　　　　　　　　　　　⋮
　　　資　産　合　計　　　　　　　　510,000
(負債の部)
　　　　　　　　　　　⋮　　　　　　　　　　　　⋮
　　　負　債　合　計　　　　　　　　331,200
(純資産（資本）の部)
　　　　　　　　　　　⋮　　　　　　　　　　　　⋮
　　　純資産（資本）合計　　　　　　178,800
　　　負債・純資産（資本）合計　　　510,000

3. 貸借対照表の作成原則

　貸借対照表の作成原則には，貸借対照表区分表示の原則，貸借対照表流動と固定の分類基準，貸借対照表完全性の原則および貸借対照表総額主義の原則がある。

(1) 貸借対照表区分表示の原則

① 貸借対照表表示区分の原則

　貸借対照表は，資産の部，負債の部及び純資産（資本）の部の三区分に分け，さらに資産の部を流動資産，固定資産及び繰延資産に，負債の部を流動負債及び固定負債の部に区分表示する（貸借対照表原則2一部修正）。固定資産の部は，有形固定資産，無形固定資産及び投資その他の資産に区分表示する（貸借対照表原則4（1）B）。また，純資産の部は，新会社法の施行により旧商法規定の資本の部を変更したものであり，株主資本，評価・換算差額等および新株予約権とに区分表示する。

② 貸借対照表の配列基準

　貸借対照表の配列基準には，流動性配列法と固定性配列法とがある。流動性

配列法とは，現金預金への換金期間の短いもの，現金預金での支払期間が短いものを上位に記載し，期間の長いものは下位に記載する方法である。したがって，流動資産や流動負債を固定資産や固定負債よりも上位に記載する方法である。企業会計原則では，原則としてこの方法を採用することになっている（貸借対照表原則3）。

一方，固定資産の重要度が高く，資産総額に占める固定資産の割合が多い事業（鉄道業，電力業，ガス事業など）は，固定資産や固定負債を流動資産や流動負債よりも上位において記載する固定性配列法を採用することができる。

なお，この流動性配列法は，流動資産や流動負債の具体的な構成項目にも適用される。流動資産は，① 当座資産（ⅰ現金預金→ⅱ売上債権または営業債権（受取手形→売掛金）→ⅲ売買目的有価証券）→② 棚卸資産→③ その他の流動資産の順に，流動負債は，① 仕入債務または営業債務（支払手形→買掛金）→② その他の流動負債の順に，それぞれ記載される。

(2) 貸借対照表の流動と固定の分類基準

資産や負債を流動や固定に分類する基準には，正常営業循環基準と1年基準がある。その他の基準として，科目の性質や所有目的による基準がある。

① 正常営業循環基準

正常営業循環基準とは，企業の主たる営業活動の循環過程（これを営業循環過程という）にある資産や負債は，すべて流動資産または流動負債とする基準である。ここで，営業循環過程とは，次の図のように主たる営業活動において現金預金の支払から現金預金の回収までの一連の過程をいう。

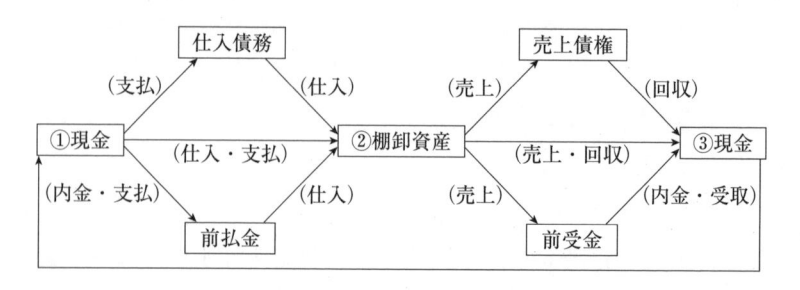

② 1年基準

1年基準とは，正常営業循環基準に該当する以外の資産や負債で，貸借対照表日（決算日）の翌日から1年以内に回収または支払（または費用化）となる資産や負債は，流動資産または流動負債とし，1年を超えての回収または支払（または費用化）となる資産や負債は，固定資産または固定負債とする基準である。

③ その他の基準

その他の基準では，長期間使用する目的で所有する資産は固定資産に，短期的に売買を繰り返す目的で所有する売買目的有価証券は流動資産に，支配目的で所有する子会社株式は固定資産とする基準である。

(3) 貸借対照表完全性の原則

貸借対照表完全性の原則とは，貸借対照表には，貸借対照表日（決算日）における資産，負債および純資産（資本）のすべてをもれなく記載し，株主，債権者その他の利害関係者にこれを正しく表示する原則のことである（企業会計原則 貸借対照表原則1 一部修正）。

なお，貸借対照表完全性の原則の例外として，「重要性の原則」により正規の簿記の原則に従って処理した場合に生ずる簿外資産や簿外負債は，貸借対照表に記載しないことができる（企業会計原則注解1）。

(4) 総額主義の原則

総額主義とは，貸借対照表に記載する資産，負債および純資産（資本）は，ありのままに総額によって記載することを原則とし，資産項目と負債項目または純資産（資本）項目とを相殺することにより，その全部または一部を除去して記載してはならない原則である（企業会計原則 貸借対照表原則1B 一部修正）。たとえば，受取手形￥500,000と支払手形￥200,000であるとき，支払手形￥200,000を全額除去して，受取手形￥300,000として貸借対照表に記載してはいけないという原則である。この差額のみを記載する方法を，特に純額主義といい，純額主義の禁止規定である。

なお，デリバティブ取引による債権・債務のように，その債権債務を相殺してその差額を記載することが慣例としている場合には，総額主義の例外として認められる（第15章「金融商品会計論」を参照のこと）。

4. 貸借対照表の評価（測定）原則

(1) 評価（測定）原則の意義

貸借対照表の評価（測定）原則とは，決算時における貸借対照表に記載する資産，負債及び純資産（資本）の各項目の金額を決定する原則である。この評価（測定）原則の中心は，資産項目である。負債は，通常，取引時の契約によって返済額が確定しているので評価の問題は起こらない。純資産（資本）は，原則として，資産から負債との差額であるので，両者の金額が確定すれば，自動的に決定することになるので評価問題は起こらない。しかし，換算換算会計における純資産項目に，その他有価証券評価差額金，繰延ヘッジ損益および土地再評価差額金などの「評価・換算差額等」のように，資産・負債の評価の結果として損益計算書を経由することなく，直接，貸借対照表に記載される項目もある。

(2) 貨幣性資産と費用性資産

資産の評価にあたっては，その性格により貨幣性資産と費用性資産に分類して行われる。貨幣性資産とは，現金や現金化することを目的として所有する現金預金，受取手形・売掛金・貸付金などの金銭債権などをいう。貨幣性資産の評価原則は，その資産の収入額または回収可能額で評価すること，つまり回収可能額基準を適用する。

費用性資産とは，販売または費消することで費用化される棚卸資産，有形固定資産，無形固定資産および繰延資産などをいう。費用性資産の評価原則は，その資産の取得原価からその取得原価の費用配分額を控除して行われる。つまり，前者の取得原価は取得原価基準または取得原価主義で，後者の費用配分額

は費用配分の原則がそれぞれ適用される。

費用配分の原則とは，取得原価基準で計上された資産の取得原価を該当する会計期間に費用として配分する原則である。したがって，取得原価のうちの費用配分額は当期の損益計算書への記載金額となり，また費用配分されなかった残額が，貸借対照表への記載金額となる（第9章「損益会計論」6.費用配分の原則を参照のこと）。

(3) 評価（測定）原則

評価（測定）原則には，基本的には，取得原価主義，時価主義および低価主義がある。その他に特殊な評価方法として割引現価主義がある。

① （取得）原価主義

（取得）原価主義は，簡単に（取得）原価基準または原価法ともいわれ，各資産の取得時の原価（これを取得原価という）で評価する方法である。取得原価基準で用いられる取得原価は，領収書など客観的な証拠により記録されるので計算確実性や検証可能性を有する。さらには（取得）原価主義は，評価損益の計上の排除，特に評価益等の未実現利益の計上を排除できることから，損益計算の実現主義と密接な関係を有する。

（取得）原価主義の問題点としては，第1に価格変動期での貸借対照表は適正な財政状態を表示しないこと，第2に過去の取得原価により費用配分された費用は過去の金額であり，それと対応する収益は現在の売却価額を示すので，費用と収益との間に適正な対応関係が見られないこと，第3に価格変動期での資産の保有損益の認識が得られないこと，などがある。

② 時価主義

時価主義は，時価基準または時価法ともいわれ，決算時の資産の評価額に市場価額や公正価値など（これを時価という）を用いる方法である。具体的には，再取得原価と売却時価がある。前者の再調達原価とは，過去に取得した資産を現在取得したと考えたときに必要な購入額，すなわち購入市場での時価であり，後者の売却時価とは，過去に取得した資産を売却するとしたら得られる

であろう売却額，すなわち売却市場での時価であり，具体的には正味実現可能価額である。

時価主義によると，決算時の資産の時価が取得原価よりも高いときにはその差額を評価益として，また逆に低いときには評価損として計上することになり，結果として貸借対照表は現在の適正な財政状態を示すことになるが，損益計算書には，特に未実現利益が計上されることになる。

最近では，特に，有価証券やエリバティブ取引のような金融資産は，一般に，時価による換金や決済等がいつでも自由に行えるという特徴を有している。それゆえ，金融資産に対する的確な投資判断を誤らせないようにするために，決算時の時価主義の採用が認められるようになった（第15章「金融商品会計論」を参照のこと）。

③ 低価主義

低価主義は，低価基準または低価法ともいわれ，期末現在の時価と原価を比較していずれか低い価額で評価する方法で，特に時価原価比較低価法ともいわれる。低価主義は，未実現利益である評価益は計上せず，評価損は計上するという保守主義の原則に沿った古い会計慣行として認められてきたものである。

④ 割引現価主義

割引現価主義とは，資産の評価額を，当該資産から得られるであろう各期間の将来の現金収入額（キャッシュ・フローという）を利子率など一定の割引率で割り引いた現在価額の総和で行う方法である。この方法は，将来の現金収入額の見積もりが困難であり，利子率の決定に主観的な要素が介入しやすいので，資産の評価としては不適当だといわれている。しかし，金融資産の評価での貸倒引当金の設定や退職給付会計での退職給付債務の計算など，一部で用いられている。

5. 貸借対照表における経過勘定の処理原則

　貸借対照表における経過勘定は，正しい期間損益計算のために発生主義の例として考えられているが，それには資産としての前払費用や未収収益，負債としての未払費用と前受収益がある。経過勘定に共通な要件は，一定の契約に基づき，継続的に用役の授受が行われているものである。

　前払費用とは，未だ用役の提供を受けていないにもかかわらず，その代金を当期にすでに支払って当期の費用に計上してある場合で，その前払分を当期の費用から控除すると共に，次期分の費用として計上すべき前払分のことである。未収収益とは，すでに用役の提供を行ったにもかかわらず，未だその代金を受けていない場合で，当期収益にも計上すべき未収分である。未払費用とは，すでに用役の提供を受けたにもかかわらず，その代金を支払っていない場合で，当期費用にも計上すべき未払分をいう。前受収益とは，未だ用役の提供を行っていないもかかわらず，その代金をすでに受け取って当期の収益として計上してあるもので，当期の収益から控除すると共に，次期分の収益として計上すべき前受分をいう。

　なお，前払費用は，1年基準が適用され，1年以内の場合には流動資産として，1年を超える場合には長期前払費用として固定資産に記載する。それ以外の経過勘定は，重要性の原則から流動資産または流動負債となる。

第5章 資産会計論

1. 資産の意義

　資産の定義はいろいろであり，一義的に決定できない。簿記的には，資産は貸借対照表の借方項目である。資金の流れからは，調達された資金の運用形態が貸借対照表に資産として計上されているものと定義される。また，企業が利用・使用するために企業が保有する貨幣性資産・費用性資産・その他の資産を総称するという定義もできる。

　資産は，流動資産，固定資産，繰延資産に分類される。流動資産と固定資産の分類は，正常営業循環基準と1年基準により行われる。さらに，資産はその性格等の観点から，貨幣性資産，費用性資産，それ以外の資産に分類される。

　「貨幣性資産」は，現金およびこれに準ずるもので，支払手段として使用可能な資産で，たとえば現金，預金，売掛金，受取手形，有価証券などである。

　「費用性資産」は，企業活動において使用・利用されて，一般に費用配分の原則の適用により，費用に転化されていくものである。将来の収益に対応して費用化されるものであり，棚卸資産，固定資産（土地等一部を除く），繰延資産などである。

　土地や借地権など，貨幣性資産，費用性資産のいずれにも属さない資産があることにも注意したい。

2. 流動資産

(1) 流動資産の意義

流動資産とは，現金その他の短期的な貨幣性資産および短期的な費用性資産である。なお，棚卸資産および主たる営業活動に基づく債権で，正常な営業循環過程にあるものは流動資産とされる。

流動資産は，当座資産，棚卸資産およびその他の流動資産に分けられる。

(2) 当座資産

当座資産は，現金および現金等価物などの貨幣性資産であり，これを大別して示すと次のようなものである。

① 現金と預金

「現金」には，他人振出小切手，郵便為替証書，期日到来の公社債の利札，株式配当領収書等が含まれる。

「預金」は，当座預金，普通預金，通知預金，満期1年以内の定期預金等である。

② 売掛金と受取手形

「売掛金」は，営業活動による通常の取引（本業）にかかわって発生した債権である。主たる営業活動以外の取引によって発生した債権は「未収入金」として区別されている。

「受取手形」は，通常の営業活動によって取得した手形債権である。手形の種類が約束手形，為替手形であるかを問わない。金銭の貸付にあたり借用証書として受け取る手形は金融手形とよばれ，会計上の「受取手形」とは区別して「手形貸付金」として扱われる。

受取手形を銀行に割引に付したり，仕入先等に裏書譲渡した場合には，決算期末における期日未到来の残高を，「受取手形割引高」「受取手形裏書譲渡高」として，貸借対照表の脚注に開示することになっている。

③ 貸倒引当金

売掛金と受取手形はその回収がすべて行われることはむずかしいのが実状である。そこで，受取手形及び売掛金は貸倒見積額（貸倒引当金）を控除した金額を貸借対照表価額とすることになっている。

貸倒引当金の決定は，「金融商品会計基準」により行うが，債権を，一般債権，貸倒懸念債権，破産更生債権等に区分して，それぞれ貸倒額を見積もることになっている。通常は，過去の貸倒れ発生率を基礎にすることになる。

貸倒引当金の貸借対照表の表示は，貸倒引当金を売掛金，受取手形の科目ごとに控除する形式で行うのが原則である。科目ごとでなく一括して控除する形式も認められる。また，貸倒引当金を該当する科目の金額から直接控除して貸借対照表に表示し，貸倒引当金の額を注記することもできる。

科目ごとに控除する形式を示しておく。

　　受取手形　　　　500,000
　　　貸倒引当金　△20,000　480,000
　　売掛金　　　　　800,000
　　　貸倒引当金　△32,000　768,000

④ 売買目的有価証券

有価証券は，株式，国債，地方債，社債等の証券である。企業が有価証券を保有する目的は，資金を運用して配当，利子，売買益を期待したり，他の会社を支配したりするなどさまざまである。なお，会計上の有価証券の扱いは「金融商品会計基準」によることになっており，詳細は第15章を参照してほしい。

当座資産として扱われるのは，「売買目的有価証券」と「1年以内に満期の到来する社債その他債権」である。

⑤ 短期貸付金

短期貸付金は，他者に貸し付けた債権で1年以内に期限の到来するものである。先に述べた手形貸付金で1年以内の期限のものは「短期貸付金」として表示される。また，株主，役員，従業員および関係会社に対するものは，その内

容を示す科目を設けて，短期貸付金と区別して貸借対照表に計上しなければならない。たとえば，「役員短期貸付金」「関係会社短期貸付金」などと表示する。

なお，この短期貸付金を当座資産としてではなく，その他の流動資産として扱う場合もある。

(3) 棚卸資産

棚卸資産は，商品，製品，半製品，原材料および貯蔵品等，通常の営業循環過程において販売を目的に保有する財貨，または生産のために消費する財貨である。

① 棚卸資産の種類

イ 商品と製品

商品は，販売目的のために他企業から購入したものである。製品は，販売目的のために自ら製造したものである。

ロ 半製品と仕掛品

半製品は製造過程にあるもので完成に至らないものであるが，一定の形状を成し，販売可能性のあるものである。仕掛品は，製造・製作過程にあるもので完成に至らないものであるが，それ自体では販売可能性を有するとはいえないものである。たとえば，生産途中の車など，工事途中の半成建物などである。

半製品と仕掛品の区別は必ずしも明確ではなく，同義に使用している場合もある。

ハ 原材料

原料と材料を区別して使う場合がある。この場合には，材料は，製品化の過程で原形を残しているものであり，衣服の布・糸，建築物の木材・鋼材などをいう。一方，原料は，製品化の過程でその原形を残さないで製品に一体化されるものであり，化学製品に使われる原油等をいう。

しかし，両者の区別は困難であり，原材料として表現する場合が多い。

ニ　消耗品

　販売活動，製造活動の過程で日常的に使用するために一定の貯蔵をするものであり，文具類，包装紙，消耗工具，燃料油などである。

　② 棚卸資産の取得原価

　棚卸資産の取得原価の決定は，取得の形態によって異なっている。

　　イ　購入の場合

　棚卸資産を購入した場合には，購入代価に付随費用を加えたものが取得原価になる。付随費用には，企業が負担した運送費，保険料などである。購入に際しての値引きや割戻しがあれば，取得原価から控除する。

　たとえば，商品を購入し，その代価が800，運賃・保険料が50，代金の値引きが30であれば，商品の取得原価は＜800＋50－30＞＝820となる。

　なお，購入の際に借り入れをし，その利息を支払った場合の，その借入利息は財務費用となり，取得原価に算入しないことになっている。

　　ロ　製造する場合

　棚卸資産を製造する場合の取得原価は，適正な原価計算によって算定された正常実際原価による。

　　ハ　長期請負工事による場合

　請負工事による場合の取得原価は，適正な原価計算によった原価であるが，販売費及び一般管理費を取得原価に算入することができることになっている。

　　ニ　交換による場合

　棚卸資産を交換によって取得した場合には，提供した資産の時価又は適正な簿価を取得原価にすることになる。

　　ホ　贈与による場合

　贈与によって棚卸資産を取得した場合には，適正な時価を取得原価とする。

　③ 棚卸資産の費用配分

　　イ　費用配分の意義

　期間計算を行う場合に，ある期間に取得した棚卸資産はそのすべてがその期

間に費消されるとは限らない。たとえば，ある期間に取得した商品が500であったとして，その内450が売却されたとすると，その期の費消分は450であり，残りの50は次期に繰り越されることになる。

棚卸資産の取得原価はある期に費消された分と費消されなかった分（未費消分）に配分する必要がある。これを，棚卸資産の費用配分という。

上記の例示の場合には，商品の取得原価500は，当期に売却して費消した450が当期の売上原価として配分され，売れ残った商品在庫50は未費消分として次期に配分され次期以降の費用となる。

なお，当期の費消分は，常にすべてが当期の費用になるとは限らないことに注意しなければならない。たとえば，当期の原材料として費消され，製品原価に算入されたものは，その製品が当期中に販売されたものに対応する分だけが当期の費用になる。販売されないで製品在庫として次期に繰り越されたものの原材料分の原価は，次期以降の費用になるのである。また，当期に費消された原材料のうち仕掛品に含まれたものについても次期以降の費用になる。

ロ　継続記録法と棚卸計算法

棚卸資産の取得原価を費用配分する場合には，棚卸資産の数量計算と金額計算をする必要があるが，この計算・記録の方法には2つの方法がある。

棚卸資産の受け入れ，払い出しのつど，数量，金額を帳簿（商品有高帳・在庫帳）に継続的に記録する方法が「継続記録法」である。この方法によれば，会計期間中に払い出した合計金額が「売上原価」となり，会計期末（決算日）の帳簿残高が「期末棚卸高」として次期に繰り越されるという形で，取得原価の費用配分が行われる。

棚卸計算法は，棚卸資産の受け入れ・払い出しの継続記録は行わないで，会計期末（決算日）において，棚卸資産の実地棚卸（現物調査）を行うことによって「期末棚卸高」を決定し，売上原価は次式の計算式を使って計算する方法である。

期首棚卸高＋当期受入高－期末棚卸高＝当期売上原価

　棚卸計算法は，継続記録をしないので事務上は簡単であるというメリットがあり小規模企業では多く採用されている。しかし，棚卸品の紛失，盗難などの原因による減少分が，販売による払い出しと区別ができず，すべて売上原価に自動的に算入されてしまう欠陥がある。

　継続記録法によって期末棚卸高を帳簿上把握したうえで，期末に実地棚卸を行い，その帳簿残高と現物残高を比べ，差異の適正な会計処理を行う必要がある。

　ハ　棚卸資産の費用（または原価）配分の方法

　棚卸資産を受け入れる場合に，その単価は必ずしも同じではない。仕入単価が異なっている商品を販売した場合に，その払い出し単価をいずれのものにするかによって売上原価が異なってしまう。

　たとえば，A商品は単価80円のものが15個，85円のものが10個あったとして，そのうち8個を100円で販売したとする。

　この場合，売上高は800円であるが，売上原価は，単価80円のものを払いだしたとすれば640円（80円×8個）になり，単価85円のものであれば680円（85円×8個）となり，異なった金額になる。

　このように棚卸資産の異なる単価の受入，払い出しの場合には，一定の仮定をおいて処理しなければならない。そのための会計処理を棚卸資産の費用（または原価）配分の方法という。個別法，先入先出法，後入先出法，総平均法，移動平均法，売価還元法などがある。

　ⅰ　個別法

　棚卸資産の取得原価（単価）が異なるものを区別して記録し，その個々の原価によって，売上原価と期末棚卸品の価額を計算する方法である。

　ⅱ　先入先出法

　棚卸資産を，もっとも早く取得したものから順番に払出しが行われ，期末棚

卸高は，新しく取得されたものであるとみなして，売上原価と期末棚卸品の価額を計算する方法である。

　ⅲ　後入先出法

　棚卸資産を，もっとも新しく取得したものから順番に払出しが行われ，期末棚卸高は，もっとも古く取得されたものであるとみなして，売上原価と期末棚卸品の価額を計算する方法である。

　ⅳ　総平均法

　平均法は，取得した棚卸資産の平均原価を計算して，この平均原価を使って売上原価と期末棚卸品の価額を計算する方法である。総平均法は，ある期間の受入品の平均原価を計算するのである。期間は，1ヵ月または1年間をとる場合が多い。

　ⅴ　移動平均法

　移動平均法は上記の平均法の一種であるが，総平均法のように期間で区切って平均原価の計算を行うのではなく，棚卸品を受け入れるつど，その時点の在庫品と受入品の平均原価を計算して記録し，次回に受け入れるまでは，その平均原価を払出し単価として使う方法である。

　ⅵ　売価還元法

　異なる品目の資産を値入率の類似性に従ってグループにまとめ，各グループの期末商品の売価合計額を計算し，これに原価率を掛けることにより，期末棚卸品の価額を決定する方法である。すなわち，棚卸品の売価を原価に還元する方法という意味である。

　多種類の商品を扱う小売業や卸売業は，期末に個々の商品の原価を把握することは極めて困難である。しかし，売価は値札等により明らかであり，売価により棚卸高を計算することは容易である。売価棚卸高に，次の原価率を乗じて期末棚卸高を決定するのである。

> 原価率＝(期首商品原価＋当期仕入原価)÷(期首商品売価＋当期仕入原価＋原始値入率＋値上額－値上取消額－値下額＋値下取消額)

④　棚卸資産の評価

棚卸資産は，上記の原価配分の手続きにより期末棚卸高が決定するが，決算期末において評価の問題が残っている。

イ　棚卸減耗損

棚卸資産の帳簿棚卸額と実地棚卸額の差異額は「棚卸減耗損」として損益計算書に計上される。

原価性を有する棚卸減耗損は，売上原価の内訳科目または販売費とされる。原価性を有しないものは営業外費用または特別損失となる。

ロ　品質低下・陳腐化による評価損

商品の品質低下や陳腐化による評価損で原価性を有するものは，売上原価の内訳科目又は販売費とされる。原価性を有しないものは営業外費用又は特別損失に計上する。

ハ　強制評価減による評価損

棚卸品の時価が原価より著しく下落し，回復の見込みがないか，回復の見込みが不明な場合に，時価で評価しなければならない。この評価損は，営業外費用又は特別損失として計上される。

ニ　低価法評価損

期末棚卸品を原価と時価のいずれか低いほうで評価する方法を「低価法」または「低価基準」という。低価法による評価損は，原価が時価を下回る場合に生じる。この評価損は，売上原価の内訳科目または営業外費用として計上される。

(4)　その他の流動資産

流動資産のうち，当座資産，棚卸資産に属するもの以外はその他の流動資産に属し，前渡金，前払費用，未収収益などである。

前渡金は，商品，原材料等の資産購入のために，その取得前に支出した対価である。

前払費用は，すでに対価を支払ったが，その用役の提供を次期以降に受けるものであり，前払利息や前払家賃などである。

未収収益は，すでに用役を提供したが，その対価の受け取りが次期以降になるものであり，未収利息，未収家賃などである。

上記以外に，税効果会計の処理において発生する「繰延税金資産」があり，1年基準を適用し，流動資産または固定資産（投資その他の資産）に記載する（第14章「税効果会計」を参照のこと）。

3. 固定資産

(1) 固定資産の意義

固定資産とは，主として通常の営業過程において使用を目的にして長期的に保有する資産および1年以内に換金化されない資産をいう。

固定資産は，有形固定資産，無形固定資産及び投資その他の資産の3つに分類されている。

(2) 有形固定資産

① 有形固定資産の範囲

有形固定資産は1年以上使用することを目的に保有する物理的形状をもつ資産である。さらに，実務的には一定額以上のものに限定しており，税法基準の取得原価10万円以上を固定資産として計上している場合が多い。

有形固定資産としては，土地，建物，構築物，機械及び装置，船舶，車両及び運搬具，工具器具及び備品，建設仮勘定などが含まれる。

建設仮勘定は，製作・建設途上の有形固定資産であり，建設中の建物，製作途中にある自用目的の機械装置などである。

② 有形固定資産の取得原価

有形固定資産の取得原価は，取得形態によって異なっている。

イ　購入の場合

資産の購入代価に購入手数料，引取運賃，荷役費，据付費，試運転費などの付随費用を加えた額が取得原価になる。購入代価について，値引きや割戻しがあれば控除した額である。

ロ　自家建設の場合

建物等を自家建設した場合の取得原価は，適正な原価計算基準に従って計算した製造原価を基にして決定する。

建設に要する借入金の利子は，原則として，取得原価に算入しない。ただし，その資産の稼動前の期間に属する利子は，取得原価に算入することが認められる。

ハ　現物出資の場合

固定資産を現物出資として受け入れた場合の取得原価は，「出資者に交付した株式の発行価額」により決定する。

ニ　交換の場合

所有している固定資産や有価証券と交換に固定資産を取得した場合の取得原価は，「提供した固定資産や有価証券」の時価または簿価（帳簿価額）によることになっている。

時価によれば交換差益又は交換差損が生じるが，簿価によれば交換差損益は生じないことになる。

ホ　受贈の場合

固定資産を贈与により取得した場合には，その資産の「公正な評価額」を取得原価とする。

ヘ　取得後の改良の場合

固定資産を取得した後に改修等のために追加的な支出を行うことがある。その追加的な支出が，その資産の経済的価値を高めるような改良と判断されると

きは,「資本的支出」として,その支出額を取得原価に加えなければならない。

その支出が,資産の機能の維持・管理のものと判断されるときは,「収益的支出（修繕費）」として支出時の費用として処理される。

(3) 減価償却

① 減価償却の意義

有形固定資産の多くは,時間の経過や使用に伴って,物理的・機能的にその価値が少しずつ低下していく。このような固定資産の価値低下（減価）を会計上の手続きにより認識することを減価償却という。

したがって,減価償却とは,前述の費用配分の原則の適用例であり,有形固定資産の取得原価を耐用年数にわたって,一定の規則的方法により期間配分する会計手続きである。

有形固定資産の大半は減価償却の対象となるので,これらの資産を減価償却資産または償却資産という。土地や建設仮勘定などは,価値の減少が通常生じないので,非償却資産といわれ,当然,減価償却の対象とはならない。

② 正規の償却とその他の償却

正規の減価償却は,毎期に規則的・計画的に行われるものである。これに対し,耐用年数の見積り違い・計算誤り・資産の陳腐化などにより,過年度の減価償却を修正するための償却を行うことがあるが,これは「臨時償却」とよび正規の償却と区別する。

なお,災害や事故により固定資産が物理的に損傷した場合の価値低下は,減価償却ではなく,「臨時損失」として処理される。

③ 減価原因と耐用年数

固定資産の価値低下の原因は大別して物理的減価と機能的減価の2つである。使用や時の経過により固定資産が物理的に減耗化・老朽化するために物理的減価が生じる。また,時の経過や新製品の発表などにより,固定資産が,陳腐化や不適応化により機能的減価が生じるのである。

減価償却する場合の要素である耐用年数は,その固定資産の物理的減価と機

能的減価を考慮・予測して決定される。

④ 減価償却の方法

減価償却は，その固定資産の取得原価，耐用年数および残存価額を基にして計算される。

ⅰ）取得原価…固定資産の取得時の購入代価に付随費用を加算したもの

ⅱ）耐用年数…固定資産の使用可能期間のことであり，物理的減価と機能的原価を考慮して決定する。一般には「耐用年数表」を使用する。

ⅲ）残存価額…会計理論上では，耐用年数経過後のスクラップとしての見積もり価額である。便宜上，取得原価の10％としているが，法人税法では，平成19年4月1日以降取得したものについては0円としている（ただし，耐用年数経過後の取得原価は1円となる）。なお，本書では，残存価額を取得原価の10％としている。

減価償却の具体的方法として定額法，定率法，級数法，生産高比例法などがある。

イ 定額法

定額法は，固定資産の耐用年数期間中，毎期，一定額を減価償却費として計上する方法である。次のような計算式になる。

$$減価償却費 = \frac{取得価額 - 残存価額}{耐用年数}$$

固定資産の取得価額からその固定資産の耐用年数経過後における価値相当額を控除し，その控除後の金額を耐用年数で割って求める。残存価額は見積もることになるが，通常は取得価額の10％として計算する。

耐用年数期間中，この計算により同じ金額が減価償却費として計上されることになる。

たとえば，固定資産の取得価額2,000,000円，耐用年数5年として減価償却費を計算すると，減価償却費＝（2,000,000円 − 200,000円）÷ 5 ＝ 360,000円

となる。

定額法は計算式が簡単であり,常識的にも理解しやすく,実務的にも多く採用されている。特に建物のような固定資産は,期間の経過に従って徐々に価値低下が進むと考えられるので,定額法の適用が妥当と解釈されている。

ロ 定率法

定率法は,固定資産の未償却残高に「一定の償却率」を掛けて減価償却費を計算する方法である。

> 減価償却費＝固定資産未償却残高×一定の償却率

一定の償却率は,耐用年数経過後にその固定資産の未償却残高が,固定資産の残存価額（取得価額の10％）になるように,数学的に算定されている。たとえば,耐用年数が3年であれば0.536,5年であれば0.369,10年であれば0.206などである。

未償却残高は,固定資産の取得価額から減価償却累計額を控除した金額である。

＜例示＞

固定資産の取得価額1,000,000,耐用年数3年（定率法償却率は0.536）として定率法により3年間の減価償却費を計算する。

1年目の減価償却費　1,000,000円×0.536＝536,000円
　　　未償却残高　1,000,000円－536,000円＝464,000円
2年目の減価償却費　464,000円×0.536＝248,704円
　　　未償却残高　464,000円－248,704円＝215,296円
3年目の減価償却費　215,296円×0.536≒115,398円
　　　未償却残高　215,296円－115,398円＝99,898円　　となる。

上記の例示を見て,次の点に注目してほしい。

まず,減価償却費は,1年目536,000円,2年目248,704円,3年目115,398円と,毎年異なり,最初に多くの金額が計上され,少しずつ減少していること

である。定額法であれば＜（1,000,000円 − 100,000円）÷ 3年 = 300,000円＞となり，毎年300,000円で一定である。

　また，定率法の3年目の未償却残高が99,898円となり，取得価額1,000,000円の10％である100,000円とほぼ同額になっていることを確認してほしい。ただし，3年間の減価償却費は最終年次なので，正式には，215,296円 − 100,000円 = 115,296円となる。

　定率法は，最初に多額の減価償却費を計上し，その後は次第に減少した金額を減価償却していく方法である。機械や車両，パソコンなどの備品は時の経過による価値減少より，機能の低下による減価が大きな比重をもつと考えられる。したがって，できるだけ早期に減価償却費を計上することが妥当と解釈されているので，機械・車両・備品等には定率法が適用されていることが多い。

　ハ　級数法

　級数法は，定率法と同じように最初に多くの減価償却費を計上し，徐々に償却額を減少させていく方法である。違いは，計算方法として算術級数を利用して行うという点である。

　算術級数は1から始まり，一定間隔で並べられた数字の集まりである。級数法による減価償却は，1から耐用年数までの数字を累計した総和を使って行う。

$$減価償却費 = (取得原価 − 残存価額) \times \frac{期首時点の残余耐用年数}{耐用年数の算術級数の和}$$

　たとえば，5年の耐用年数の算術級数の総和（累計）は15（1 + 2 + 3 + 4 + 5）になる。この数字を使って固定資産の取得価額を各年度に配分するのである。その場合に，算術級数の総和を分母にし，各年度には算術級数を逆に並べた数字を分子にして配分する。1年目は5，2年目は4，3年目は3，4年目は2，5年目は1が分子になる。

<例示>

取得価額を500,000円，耐用年数5年で級数法により減価償却費を計算する。

残存価額は取得価額の10％とする。耐用年数の級数の総和は15となる。

1年目の減価償却費　｛(500,000円 − 50,000円) ÷ 15｝ × 5 = 150,000円
2年目の減価償却費　｛(500,000円 − 50,000円) ÷ 15｝ × 4 = 120,000円
3年目の減価償却費　｛(500,000円 − 50,000円) ÷ 15｝ × 3 = 90,000円
4年目の減価償却費　｛(500,000円 − 50,000円) ÷ 15｝ × 2 = 60,000円
5年目の減価償却費　｛(500,000円 − 50,000円) ÷ 15｝ × 1 = 30,000円

上記の通り，減価償却費は最初の15から徐々に減少していくことがわかる。この方法は，機能低下による価値減少がみられる機械や電子器具等に適し，定率法より適用が簡単であるといえる。しかし，税法上の適用が認められていないので，実務上はあまり採用されていない。

ニ　生産高比例法

生産高比例法は，固定資産の利用度の割合に従って減価償却費を計算する方法である。固定資産の利用度は，航空機であれば飛行時間や航続距離などであり，鉱山設備であれば鉱物の採掘量などである。

$$減価償却費 = (取得原価 − 残存価額) \times \frac{実際利用度}{総見積利用度}$$

たとえば，航空機の取得価額が5,000,000円（残存価額取得原価の10％）であり，航続可能距離300,000kmとする。1年目の航続距離が40,000kmとすれば，

減価償却費は (5,000,000円 − 500,000円) ÷ 300,000km × 40,000km = 600,000円となる。

生産高比例法という名称は，機械設備などの場合に，機械の取得価額をその機械による生産可能数量を基に，「各年度の実際生産高に比例」して期間配分

(減価償却費の計算)をするという場合を想定して付けられたものであろう。

④　減価償却の会計処理

減価償却費は，通常は決算期末に計算し損益計算書に費用計上される。固定資産の利用状況により，製造原価に計上される場合と販売費及び一般管理費に計上される。

減価償却費は，その金額だけ固定資産の帳簿価額を減少させる必要があるが，その方法には直接法と間接法の２つがある。

直接法は，減価償却相当額を固定資産価額から直接減額する方法であり，貸借対照表にはその控除後の金額が計上される。

仕訳で示せば，次の通りになる。建物を 500,000 円減価償却した。

(借方) 減価償却費　　500,000	(貸方) 建　　物　　500,000

間接法は，減価償却費は「減価償却累計額」として計上し，固定資産の取得価額はそのままにしておく方法である。この方法は，固定資産の取得価額が貸借対照表に表示され，減価償却額が取得価額から控除される形式になっており，明瞭表示という点から望ましいといえる。

仕訳で示すと次のようである。

(借方) 減価償却費　　500,000	(貸方) 建物減価償却累計額　500,000

(4)　無形固定資産

無形固定資産は，物理的な形態はもたないが１年を超える長期間にわたって利用される資産である。

無形固定資産の大部分は，法律上の権利を有するものであり，特許権，商標権，実用新案権，意匠権，借地権，地上権，鉱業権，漁業権などである。

また，経済上の権利として，資産価値があるものとして「のれん」(営業権)も無形固定資産として扱われる。のれんは他の企業を買収した場合などに，その企業が「超過収益力」をもつとみられるときに計上される。

のれんは有償で取得した場合に限られ，自家創設のれんは計上できない。たとえば，時価評価したうえでの諸資産 800,000 円，諸負債 650,000 円の企業を 200,000 円で買収し現金を支払えば 50,000 円ののれんが計上される。仕訳で示せば次のようになる。

(借方) 諸 資 産	800,000	(貸方) 諸 負 債	650,000
の れ ん	50,000	現 金	200,000

さらに，「ソフトウェア」は，無形固定資産として扱われる。

無形固定資産の取得原価は，基本的に有権固定資産の場合と同じ考え方で決定される。すなわち，購入の場合は資産を取得する代価とその付随費用であり，交換，現物出資，受贈の場合も有形固定資産と同様である。

無形固定資産の減価償却費は，残存価額はゼロとして，耐用年数にわたって定額法で計算する。また，会計処理は直接法により，資産の帳簿価額を直接減額させることになっている。

(5) 投資その他の資産

「投資その他の資産」は，有形固定資産と無形固定資産以外で，利殖，他企業支配等の目的で，1年を超える長期にわたって保有する資産である。

投資有価証券，関係会社株式，出資金，長期性預金，長期貸付金，長期前払費用などである。

売掛金や受取手形などの売掛債権が不良債権化し，1年内に回収困難になる場合には，「破産債権・更生債権等」として，「投資その他の資産」に計上される。

(6) 減損会計

固定資産は取得原価をもって資産として計上し，毎期，規則的に減価償却によって取得原価を期間配分することになっている。しかし，著しい環境変化によって，その固定資産の貸借対照表計上額（帳簿価額）が適正な額との差異が顕著に生じた場合に，その帳簿価額を減額することが要求される。

この手続きが,「減損会計」であり,2006年3月期から適用されている。

市場の変化,技術革新,企業の方針転換等により,固定資産の利用から見込まれる純収入額（回収可能額）が当該固定資産の帳簿価額を下回る場合には,その下回る金額だけ,減額するのである。

実際の適用は,減損の兆候の認識,減損額の測定,減損適用の判断などの段階を踏み,計算も回収可能額の現在価値への変換計算など,複雑な手続きが必要である。

4. 繰延資産

(1) 繰延資産の意義

繰延資産とは,企業会計原則において,「将来の期間に影響する特定の費用は,次期以後の期間に配分して処理するため,経過的に貸借対照表の資産の部に記載することが出来る」と規定されていることを根拠にした「資産」である。

その実体は,「特定の費用」を「期間配分」するために,「経過的」に資産の部に記載することが「出来る」,という極めて特殊な資産である。

「将来の期間に影響する特定の費用」とは何であろうか。これについて,企業会計原則注解15に,「既に代価の支払が完了し又は支払義務が確定し,これに対応する役務の提供を受けたにもかかわらず,その効果が将来にわたって発現するものと期待される費用をいう」と規定されている。

一定の役務の提供を受け,その代価の支払が完了・確定している費用のうち,その効果が将来に発現するものを「特定の費用」としているのである。その特定の費用を,将来の期間にも配分するために繰り延べて,資産として計上できることにしたのである。

しかし,棚卸資産や固定資産のように換金価値はなく,実体があいまいなものであり,「資産性」が乏しいので,繰延資産の項目は限定的なものにされて

いるのである。また，定義に該当するものであっても，繰延資産として処理するか否かについては企業の選択にゆだねている。

(2) 繰延資産の範囲と会計処理

繰延資産として計上が認められている項目は，株式交付費，社債発行費等，創立費，開業費および開発費の5項目である。これらの項目は限定列挙であり，繰延資産の定義に該当するものであってもこの5項目以外の計上は認められないと解釈されている。その理由は，上記の意義のところで触れたように「資産性」が極めて乏しい，いわゆる「擬制資産」といわれるからである。

① 株式交付費等

株式交付費等とは，新株の発行または自己株式の処分に係る費用である。

新株発行のための費用とは，株式募集のための広告費，証券会社の取扱手数料，株式申込書・目論見書等の印刷費，増資登記の登録税などの費用である。また，自己株式の処分についても，実質的に増資と同じ効果をもつ新株発行や財務活動として，自己株式の処分費用である「自己株式売却損」などが生じたときは，株式交付費等として繰延資産として処理できる。

新株の発行や自己株式の処分による株式交付費等は，企業の財務体質が強化されるという効果があるが，この効果は当期だけでなく将来にまで及ぶことが明らかである。従って，株式交付費を期間配分する処理は合理的と考えられている。

株式交付費等は，支出時の費用（営業外費用）として処理することを原則としている。繰延資産として計上したときは，株式交付のときから3年以内の効果が及ぶ期間にわたって，定額法で償却する。

② 社債発行費等

社債発行費等は，社債募集のための広告費，金融機関・証券会社の取扱手数料，社債申込書・社債券等の印刷費などである。社債発行により資金調達することによる効果は，将来に及ぶことが明らかなので，繰延資産として計上することが認められている。

社債発行費等は，支出時に営業外費用として処理することが原則である。企業活動の拡大のための財務費用として，繰延資産として計上した場合には，社債の償還期間にわたって「利息法」により償却する。ただし，継続適用を条件として，定額法による償却も認められる。

　新株予約権付社債の発行に係る費用は，資金調達などの財務活動に伴うものであり，社債発行費と同じ性格と考えられる。従って，新株予約権社債の発行時の費用処理を原則とし，繰延資産に計上することが認められている。このときには，新株予約権付社債の発行のときから3年以内のその効果の及ぶ期間にわたって，定額法により償却する（第6章「負債会計論」を参照のこと）。

③　創立費

　創立費は，会社設立のための費用であり，発起人の報酬，定款作成・認証費用，株式募集等の広告費，株式申込書・目論見書等の印刷費，設立登記の登録税，創立事務の諸費用，創立総会費用などである。

　会社創立のための費用は，その効果は将来のために及ぶことは明らかであり，繰延資産としての要件を備えている。

　創立費は，営業外費用として支出時の費用として処理することが原則である。繰延資産として計上した場合は，5年以内のその効果が及ぶ期間にわたり，定額法で償却する。

④　開業費

　開業費は会社の成立（設立登記）後から営業を開始するまでのあいだに開業準備のために支出された費用である。具体的には，土地建物の賃借料，開業のための広告費，開業準備のための諸費用（使用人給料関係費，事務・消耗品費，交通費，通信費，水道光熱費等）などである。

　これらの開業費はその効果が将来に及ぶことは明らかなので繰延資産の要件を充たしている。

　開業費は，その支出時に営業外費用として処理することが原則であるが，繰延資産として計上することができる。

繰延資産として計上した場合は，会社成立のときから5年以内の効果が及ぶ期間にわたり，定額法で償却する。

⑤ 開発費

開発費とは，新技術や新経営組織の採用，新資源の開発，新市場の開拓などのために，「特別に支出した」費用である。技術開発や市場開拓費用であっても経常的に支出するものは除くために，「特別に支出した」費用であると規定している。

開発費は，原則として支出時に売上原価または販売費及び一般管理費として処理するが，繰延資産として計上することが認められている。繰延資産として計上した場合は，5年以内のその効果が及ぶ期間にわたり，定額法その他合理的な方法により規則的に償却する。

第6章 負債会計論

1. 負債の意義

負債は，他人資本ともよばれ，純資産である自己資本とともに，企業資本の調達源泉を示すもので，貨幣額によって合理的に測定できる経済的負担をいう。経済的負担には，通常契約により金銭の返済義務や財貨や用役（サービス）の引渡義務が確定している法的債務と，損益計算目的での引当金がある。

2. 負債の分類基準

負債は，流動負債と固定負債に分類される。この分類基準は，資産と同様に，営業循環基準と1年基準とで流動負債と固定負債に分類される。営業循環基準では，主たる営業循環過程にある支払手形や買掛金などは返済期限の長短にかかわらず流動負債とする。

1年基準では，主たる営業循環過程以外の負債に対して適用され，短期借入金，未払金などのように貸借対照表日（決算日）の翌日から1年以内に履行期限が到来するものを流動負債とし，社債，長期借入金，退職給付引当金，長期性の負債性引当金など，1年を超えるものを固定負債とする基準である。なお，長期借入金で分割返済の定めがあり，その期限が1年以内に到来するもので重要性が乏しいものは，そのまま固定負債として表示できる（企業会計原則注解1「重要性の原則について」）。

負債は，その属性（債務性）の観点から債務性負債と非債務性負債（修繕引

当金や特別修繕引当金など）に分けられ，さらに債務性負債は確定債務（引当金以外の支払手形・買掛金・未払金・借入金・社債・預り金・前受金・前受収益・未払費用など）と条件付債務（修繕引当金など非債務性負債以外の引当金）とに分けられる。

上記以外に，税効果会計により発生する「繰延税金負債」がある。これは1年基準により流動負債と固定負債で処理される（詳しくは，第14章「税効果会計論」を参照のこと）。

3. 流動負債

流動負債には正常営業循環基準による負債と1年基準による1年以内の負債があり，具体的には次のものがある。

(1) 支払手形と買掛金

支払手形と買掛金は，主たる営業活動における購買活動で発生する営業債務または仕入（または買入）債務である。

支払手形は，商製品や原材料などの棚卸資産を購入するため，または買掛金支払のために約束手形の振出しや為替手形の引受けを行ったときの手形債務である。なお，固定資産購入のための約束手形の振出しは，主たる営業活動以外の手形債務なので「営業外支払手形」となる。

買掛金は，商製品や原材料などの棚卸資産を購入するため掛債務である。

(2) 未払金・預り金・短期借入金

未払金は，有価証券や固定資産の購入などの主たる営業活動以外の活動において発生する未払債務をいう。

預り金は，従業員の賃金給料から差し引かれる社内旅行積立金（「従業員預り金」），健康保険料（「健康保険料預り金」）や所得税（「所得税預り金」）など，一時的な預り金をいう。

短期借入金は，貸借対照表日（決算日）の翌日から1年以内に返済を要する

資金の借入れをいう。

(3) 前受金と前受収益

前受金は，商製品の売上代金の一部を内金として受け取った代金をいう。

前受収益は，一定の契約により，継続して役務の提供を受けている場合で，未だ役務の提供を行っていない次期の収益代金を前もって当期に受け取ったときのその代金をいう。

4. 固定負債

固定負債には，1年基準により1年を超える負債があり，具体的には次のものがある。

(1) 長期借入金

長期借入金は，貸借対照表日（決算日）の翌日から1年を超えての返済を約束した借入れ債務である。

(2) 社 債

社債は，有価証券の一種である社債券を発行して企業外部から資金を調達することにより生ずる長期性の借入れ債務で，固定負債に記載する。社債には，普通社債の他に新株予約権付社債がある。

① 社債の発行と貸借対照表価額

社債の発行には，社債券の額面どおりに発行する平価または額面発行，額面金額より低い金額で発行する割引発行，また額面金額より高い金額で発行する打歩発行がある。

割引発行や打歩発行時の社債の貸借対照表価額（帳簿価額）は，その発行価額となる。したがって，額面と発行価額の差額は，通常，償還期限内の毎決算日に償却原価法により月割計上額を計算して，社債勘定に増減することになる。その増減後の社債勘定の金額が貸借対照表価額となる。

償却原価法とは，額面と発行価額との差額を償還期限内の毎決算日に割り当

てて，社債勘定に増減すると共に，支払利息または受取利息として損益に計上する方法である（第15章「金融商品会計論」を参照のこと）。

② 新株予約権付社債

新株予約権付社債とは，新株予約権が付された社債のことで，一定期間内に，一定数の新株を，一定の価額（行使価額）で請求できる権利である。新株予約権者が，新株予約権を行使したときには，会社は，新株を発行するかまたは保有している自己株式を交付する義務を負っている。

新株予約権付社債の会計処理には，一括処理法と区分処理法とがある。

一括処理法は，社債の払込金額と新株予約権の払込金額を合算し，普通社債の発行に準じて処理する方法である。

区分処理法とは，社債の対価部分と新株予約権の対価部分に分けて考える方法である。社債の対価部分は普通社債の発行に準じて処理し，新株予約権部分の対価は，権利行使請求期間中は，純資産の部における「新株予約権」として記載する。権利が行使されたときに，新株予約権の金額を資本金勘定（または資本金としなかった部分は資本準備金とする）に振り替える。権利が行使されなかった時には，特別利益としての「新株予約権戻入益」として振り替える。

なお，新株予約権付社債には，転換社債型新株予約権付社債と転換社債型以外の新株予約権付社債がある。

イ 転換社債型新株予約権付社債

転換社債型新株予約権付社債は，従来の転換社債とほぼ同じである。新株予約権者が権利を行使すると，社債が償還され，その償還金額をもって新株発行の払込金額として充当される。この会計処理には，一括処理法と区分処理法の選択適用が認められている。

ロ 転換社債型以外の新株予約権付社債

転換社債型以外の新株予約権付社債では，新株予約権者が権利を行使するときに，新株取得にあたって現金の振込みが認められる社債である。この会計処理は，区分処理法が適用される。

5. 引当金

(1) 引当金の意義と目的

引当金は，将来の特定の費用または損失の発生に備えて，当期の負担する額を費用または損失として見越計上するために設定された負債科目である。

引当金の設定目的として，次の3つをあげることができる。

① 当期の収益の計上に対応する引当金設定による当期費用を計上することで，いわゆる費用収益対応の原則により適正な期間損益計算が可能となる（適正な期間損益目的）。

② 引当金は，企業が負っている条件付債務や潜在的債務を表すので，それを計上することで適正な財政状態の表示が可能となる（財政状態の適正表示）。

③ 引当金の計上は予想される損失の発生の危険に備える保守主義の原則に合致する（保守主義の原則）。

(2) 引当金の計上要件

企業会計原則では，引当金は次の4つの要件をすべて満たしたときに計上できる（企業会計原則注解18「引当金について」）。

　　① 将来の特定の費用または損失であること
　　② その発生が当期以前の事象に起因していること
　　③ その発生の可能性が高いこと
　　④ その金額を合理的に見積もることができること

また，発生の可能性が低い偶発事象に係る費用または損失は，引当金には，計上できない。

(3) 引当金の分類

企業会計原則では，貸借対照表への表示上の分類，つまり資産の部に表示される評価性引当金と負債の部に表示される負債性引当金とに分類している（企

業会計原則注解18)。評価性引当金には貸倒引当金を，負債性引当金には，製品保証引当金，売上割戻引当金，返品調整引当金，賞与引当金，退職給付引当金，工事補償引当金，修繕引当金，特別修繕引当金，債務保証損失引当金および損害補償損失引当金などがある。負債の部の引当金は，1年基準により流動負債と固定負債に分けて表示する。また，貸倒引当金は，設定対象となった債権の区分ごとに流動資産または固定資産に表示される。

その他の分類方法としては，引当金に債務性があるかどうかの分類で，製品保証引当金，売上割戻引当金，返品調整引当金，賞与引当金，退職給付引当金および工事補償引当金などは条件付債務としての債務性引当金であり，修繕引当金，特別修繕引当金，債務保証損失引当金および損害補償損失引当金などは非債務性引当金として分類される。

6. 退職給付会計

平成10年に確定給付型制度（退職時または退職後にあらかじめ決められた一定の給付額を支払う制度）を前提とした会計処理基準としての「退職給付に係る会計基準」が設定された。ここでは，退職給付に係る会計基準に基づく退職給付会計の基本のみを述べる。

(1) 退職給付会計の意義

退職給付会計とは，退職給付に係る負担を「退職給付引当金」として負債に記載するための一連の会計処理をいう。退職給付とは，一定期間にわたり労働を提供したことにより退職後に従業員に支給される給付をいい，会社が，従業員に対して退職時に一時的に支給する退職一時金と，企業から必要な資金を預かり運用している厚生年金基金などから従業員の退職後一定期間ごとに一定額を支給する退職年金とに区別される。

(2) 基本的な退職給付会計の会計処理

退職給付会計では，基本的に，退職一時金と退職年金に係る債務である「退

職給付債務」から退職年金の支払に充てるために年金基金に預けてある「年金資産」を控除した正味の債務額を退職給付引当金として負債に計上するとともに，退職給付費用として損益計算書に計上する。

なお，従来の退職給与引当金は，年金資産を対象とした退職給付会計での退職給付引当金で扱われることになった。

7. 偶発債務

偶発債務とは，受取手形の割引または裏書による手形遡求義務，債務保証，係争事件での賠償義務などのように，貸借対照表日（決算日）において法律上の債務として確定はしていないが，将来，一定の条件が発生した場合に限って，法律上の債務として確定するものをいう。これらの偶発債務は，貸借対照表における注記として記載する。

第7章 純資産会計論

1. 純資産の意義

　純資産は，資産から負債を差し引いた差額をいう。純資産には，出資者である株主の出資額とその増減額をあらわす「株主資本」と，評価・換算差額等や新株予約権等のように，株主資本以外の「その他の純資産」とに区分される。

　純資産は，企業資金の調達源泉の1つであり，負債とともに「総資本」を構成する。負債が「他人資本」とよばれるのに対して，純資産は「自己資本」ともよばれる。なお，自己資本を狭義に解釈すると，株主資本のみをいう。

　従来の貸借対照表の「資本の部」には，基本的に，株主の出資額を対象とした「資本」（本章での「株主資本」）のみが対象となっていた。しかし，従来の資本とはいえない，評価・換算差額等や新株予約権等の表示が必要となり，この表示を「資本の部」でなく資産と負債との差額概念を用いた「純資産の部」として記載することになった（「貸借対照表の純資産の部の表示に関する会計基準等」以下「純資産会計基準」という）。これを受けて，会社計算規則や財務諸表等規則でも同様に扱われることになった。

2. 純資産の分類

　純資産の部は，「株主資本」，株主資本以外のものとして「評価・換算差額等」と「新株予約権」に分類される。株主資本は，「資本金」「資本剰余金」「利益剰余金」および「自己株式」の4つに分類される。資本剰余金は，「資本

準備金」と「その他資本剰余金」に，利益剰余金は「利益準備金」と「その他利益剰余金」に分類され，さらに，その他利益剰余金は「任意積立金」と「繰越利益剰余金」に細分される。

3. 株主資本

株主資本は，資本金，資本剰余金，利益剰余金および自己株式に分類される。

(1) 資本金

資本金は，法定資本（会社法上の資本）とよばれているように，原則として株主からの払込金額（これを「払込資本」という）の全額である。ただし，払込金額のうち，2分の1の金額を超えない部分を資本金としないことができる。この資本金としない部分である「株式払込剰余金」は，貸借対照表では「資本準備金」として計上することになる。

① 資本金の増加（増資）

増資には，会社の純資産を増加させるか否かにより実質的増資と形式的増資に分類される。

実質的増資は，会社の純資産を増加させるものである。これにはⅰ）通常の払込を伴う新株発行，ⅱ）新株予約権や新株予約権付社債の権利の行使による新株発行，ⅲ）吸収合併や株式交換などによる新株発行などがある。

なお，新株による発行の場合の株式引受人からの払込金は，申込期日の翌日から払込期日の前日までは「新株式申込証拠金」として処理し，払込期日には，資本金に振り替えることになる。なお，決算日に存在する新株式申込証拠金は，株主資本の資本金の次に表示する。

形式的増資とは，純資産項目間の振替による資本金の増加であり，したがって，会社の純資産の金額には何ら変化がないものである。これには準備金（資本準備金や利益準備金）の資本組入れや剰余金（資本剰余金や利益剰余金）の

資本組入れなどがある。

② 資本金の減少（減資）

減資には，たとえば株主等に対して現金などの払い戻しなどによる会社の資産の減少を伴う実質的減資と，会社の資産の減少を伴わない形式的減資がある。

実質的減資では，資本金をいったんその他資本剰余金に振り替えたうえで，そこから剰余金の配当または自己株式の消却を行う。

形式的減資では，資本準備金やその他資本剰余金への振り替えによる資本金の減少がある。また，欠損填補のための減資は，資本金をいったんその他資本剰余金へ振り替えたうえで，損失の填補を行う。

(2) 資本剰余金

資本剰余金は，資本取引から生じた剰余金で「資本準備金」と「その他資本剰余金」とに区分される。

① 資本準備金

資本準備金とは，株主の払込資本のうち「資本金」に組み入れない部分であり，これには，通常の株式発行時における「株式払込剰余金」や，企業合併や買収（M&A）時に生ずる「合併差益」「株式交換差益」「株式移転差益」および「会社分割差益」などがある。なお，これらの項目は内訳表示の必要はなく，まとめて「資本準備金」として表示する。

② その他資本剰余金

その他資本剰余金とは，資本準備金以外の資本剰余金であり，これには損失処理時に生ずる「資本金及び資本準備金減少差益」，さらに自己株式の処分時に生ずる「自己株式処分差益」などがある。なお，これらの項目は内訳表示の必要はなく，まとめて「その他資本剰余金」として表示する。

なお，株主に対する配当は，本来，利益剰余金から行われるべきであるが，会社法では，資本準備金に対する配当制限はあるが，資本剰余金のなかのその他資本剰余金からの配当は認められている。この場合は，後述の利益準備金と

同様に，その配当額の10分の1を資本準備金に積み立てることになる。

③　資本剰余金の変動

資本剰余金の変動には，ⅰ）資本剰余金である資本準備金やその他資本剰余金からの資本金への振替え，ⅱ）資本金から資本剰余金である資本準備金やその他資本剰余金への振替え，およびⅲ）資本準備金とその他資本剰余金との間の振替えなどがある。これらは原則として株主総会での決議があれば可能となる。したがって，資本金をゼロとすることも，資本剰余金である資本準備金やその他資本剰余金をゼロとすることもできる。

(3)　利益剰余金

利益剰余金は，損益取引から生じた剰余金（利益留保額）で「利益準備金」と「その他利益剰余金」とに区分される。

①　利益準備金

利益準備金とは，その他利益剰余金からの配当または中間配当によって，その10分の1の金額を積み立てられたものである。ただし，利益準備金の積立金額は，資本準備金と併せて資本金の4分の1までの金額まででよいことになっている。

②　その他利益剰余金

その他利益剰余金とは，利益準備金以外の利益剰余金で，これには任意積立金と繰越利益剰余金がある。

任意積立金は，留保利益の一部を株主総会等の決議により任意で積み立てられるもので，その内容を示す科目で表示することになっている。任意積立金には，積立目的が特定されているものとそうでないものがある。前者の積立金には，建物などの取得目的の「新築積立金」，中間配当目的の「中間配当積立金」，社債償還目的の「減債積立金」などがあり，後者の積立目的の特定されていないものには「別途積立金」がある。

繰越利益剰余金は，利益準備金や任意積立金以外の利益剰余金で，それにはいまだ処分が確定していない当期利益がある。なお，上記の積立目的の特定さ

れた任意積立金は，その目的を達成したときには取締役会等の決議により「繰越利益剰余金」に振り替える。

③　利益剰余金の変動

利益剰余金である利益準備金とその他利益剰余金は，原則として株主総会の決議により，利益準備金をその他利益剰余金へ，その他利益剰余金を利益準備金へ振り替えることができる。したがって，利益準備金やその他利益剰余金をゼロとすることができる。

④　欠損填補

欠損とは，株主資本の金額が資本金・資本剰余金（資本準備金とその他資本剰余金）および利益準備金の合計額より少ないときの金額をいい，具体的にはその他利益剰余金がマイナス（通常は，繰越利益剰余金の借方残高）の状態のことである。

欠損填補は，まず，マイナスの繰越利益剰余金を利益準備金の取り崩しにより行われる。それでもなお，不足するときには資本金・資本剰余金を取り崩すことで欠損を減少させたり，または欠損以上にプラスの差額となるようにする。このときのプラスの差額は，資本剰余金（一般には資本準備金）として処理する。

なお，資本取引・損益取引区分の原則（剰余金区分の原則）から認められないが，資本金・資本剰余金と利益剰余金との間の振り替えは，欠損の填補の場合のみ例外として認められる。

(4)　**自己株式**

①　自己株式の取得

自己株式とは，自社が発行した株式を取得した場合のその株式で，取得原価で記入する。決算時に保有する自己株式は，取得原価をもって，株主資本の末尾に控除形式で表示する。

②　自己株式の処分

自己株式を処分したときには，自己株式の帳簿価額と処分対価との差額は

「自己株式処分差益」(処分対価が帳簿価額より多いときの差額),または「自己株式処分差損」(処分対価が帳簿価額より少ないときの差額)として処理する。自己株式処分差益は「その他資本剰余金」に計上し,自己株式処分差損は,「その他資本剰余金」から控除する。

③ 自己株式の消却

会社が所有する自己株式を,取締役会等の決議により消却することができる。消却手続が完了すると,自己株式の帳簿価額を「その他資本剰余金」から控除する。

④ 自己株式の取得時,売却時および消却時の付随費用の処理

自己株式の取得時,処分時および消却時の支払手数料などの付随費用は,支払手数料など具体的な勘定で,営業外費用として処理する。

(5) 剰余金の配当

会社法では,株主に対して剰余金の配当を行うことができ(会社法453条),その剰余金の配当は分配可能額の範囲で行わなければならない(会社法461条2項)としている。

剰余金の配当は,主として利益配当(中間配当を含む)であるが,そのほかに資本・準備金減少に伴う払い戻しや自己株式の有償による取得などもある。なお,会社の純資産額が300万円未満の場合には剰余金の配当はできないことになっている(会社法458条)。分配可能額は,次のように算定される。

分配可能額＝前期末における剰余金の額(前期末から分配時までの剰余金変動額)－分配時の自己株式の帳簿価額－分配時までの自己株式の処分金額－のれん等調整額の資本等金額超過額

「前期末における剰余金の額」とは,前期末における「その他資本剰余金」と「その他利益剰余金(任意積立金と繰越利益剰余金の合計額)」の合計額をいう。

「前期末から分配時までの剰余金変動額」とは,前期末繰越利益剰余金の配

当額，資本準備金のその他資本剰余金への振替額，利益準備金のその他利益剰余金への振替額およびその他資本剰余金とした自己株式処分差損益などがある。なお，「前期末における剰余金の額」に「分配時までの剰余金変動額」を加減した金額は，分配時における「その他資本剰余金」と「その他利益剰余金」の合計額と一致する。

のれん等調整額の資本等金額超過額における「のれん等調整額」とは，資産の部に計上したのれんの額の2分の1と繰延資産の合計額のことで，また「資本等金額」とは，資本金に資本準備金と利益準備金を加えた合計額のことである。なお，その他有価証券評価差額金がプラスの場合には分配可能額に制限はないが，マイナスの場合には，分配可能額の計算から控除する。

4. 評価・換算差額等

資産・負債および株主資本以外で純資産の部に計上するものには，評価・換算差額等がある。これには，①その他有価証券を時価評価した場合に生ずるその取得原価と時価との差額金である「その他有価証券評価差額金」，②ヘッジ会計を適用したときに生ずる「繰延ヘッジ損益」および③土地再評価法に基づき土地の再評価を行ったときのその取得原価と再評価額との差額である「土地差評価差額金」の3つがある。

なお，これらの評価・換算差額等については，税効果会計適用後の金額で純資産の部に計上する（第14章「税効果会計論」を参照のこと）。

5. 新株予約権

新株予約権とは，新株予約権者（新株を交付してもらう権利者）が，期限内にその権利を行使することで，株式の交付を受ける権利のことをいう。

(1) 新株予約権の発行時

新株予約権を発行したときには、発行価額（払込金額）をもって純資産の部に「新株予約権」として計上する。

(2) 株式の発行時（権利行使時）

期限内に権利行使が行われると、基本的には、新株式の発行による株式交付と自己株式処分による株式交付とがある。

① 新株式の発行による株式交付

新株式の発行が行われると、発行価額（払込金額）を資本金または資本準備金（払込金額の2分の1を最高限度とし、残りは資本金となる）に振り替えられる。期限内に権利行使が行われなかった場合には、新株予約権戻入益として、特別利益として計上される。

② 自己株式の処分による株式交付

新株式の発行の代わりに自己株式の処分による交付がある（上記3．（4）自己株式を参照のこと）。この場合には、自己株式の処分対価は、新株予約権行使時の払込金額と新株予約権の発行価額の合計額となる。その自己株式の処分対価とその帳簿価額との差額を自己株式処分益または自己株式処分損として、その他資本剰余金として処理する。

(3) 新株予約権付社債

新株予約権付社債とは、新株予約権の権利を社債に付したときのことである（これについては、すでに第6章「負債会計論」で詳述しているので参照のこと）。

(4) ストック・オプション

ストック・オプションとは、自社株式（自己株式）を従業員や取締役などに対する報酬の一部として渡すものである。ストック・オプションは、従業員等により権利の行使日まで、勤務費用（株式報酬費用）としてオプションの公正な評価額で見積計上し、その金額を「新株予約権」として計上する。権利の行使により新株を発行した場合には、資本金または資本準備金に振り替えられる。

6. 株主資本等変動計算書

　株主資本等変動計算書は，基本的には純資産の部の各構成項目の「期首残高」「期中増減高」および「期末残高」を明らかにする財務諸表である。株主資本等変動計算書の作成に当たっては，次のことに留意する。
　イ　株主資本の構成項目の当期変動額については，その変動事由ごとに記載する。
　ロ　株主資本以外の構成項目（評価・換算差額等や新株予約権など）の当期変動額については原則として純額で記載する。
　ハ　その他利益剰余金や評価・換算差額等の内訳を省略し，その合計額のみを記載し，注記にその内訳を記載してもよい。
　ニ　各合計欄の記載は省略してもよい。
　なお，次ページに株主資本等変動計算書の例を示している。
　本例では，増資20百万円（半分は資本準備金とする）とその他資本剰余金とその他利益剰余金から10百万円の剰余金の配当を行っている。上記以外に，その他有価証券評価差額金4百万円と繰延ヘッジ損益2百万円を計上している。

株主資本等変動計算書

(単位:百万円)

	株主資本									
	資本金	資本剰余金			利益剰余金				自己株式	株主資本合計
		資本準備金	その他資本剰余金	資本剰余金合計	利益準備金	その他利益剰余金		利益剰余金合計		
						××積立金	繰越利益剰余金			
前期末残高	500	40	20	60	40	20	100	160	△20	700
当期変動額										
新株の発行	20	20		20						40
剰余金の配当		1	△11	△10	1		△11	△10		△20
当期純利益							60	60		60
株主資本以外の項目の当期変動額										
当期変動額合計	20	21	△11	△10	1	0	49	50	0	80
当期末残高	520	61	9	70	41	20	149	210	△20	780

		評価・換算差額等			新株予約権	純資産合計
		その他有価証券評価差額金	繰越ヘッジ損益	評価・換算差額等合計		
前期末残高		12	6	18	2	720
当期変動額						
新株の発行						40
剰余金の配当						△20
当期純利益						60
株主資本以外の項目の当期変動額		4	2	6		6
当期変動額合計		4	2	6	0	86
当期末残高		16	8	24	2	806

7. 会計理論上の「資本」概念

　会社法上の「資本」とは，株主が払い込んだ金額のうち資本金として処理したものをいう。しかし，会計理論上の「資本」概念は広く，資本として拘束維持すべきものとしての「払込資本」と，資本助成目的での「受贈資本」や「評価替資本」および損益計算の結果としての「稼得（留保）資本」の４つに分類することもできる。

(1) 払込資本

　払込資本とは，株主が払い込んだ金額であり，そのうち資本金とした部分（これを法定資本ともいう）と資本金としなかった払込剰余金（たとえば，株式払込剰余金，合併差益及び自己株式処分差益など）がある。

(2) 受贈資本

　受贈資本とは，株式以外で，資本助成を目的として資産の無償提供や債務の免除を受けたことにより純資産（資本）を増加させた部分で，これには国や地方公共団体からの「国庫補助金」や「工事助成金」，また債権者からの「債務免除益」などがある。

(3) 評価替資本

　評価替資本とは，貨幣価値の変動に伴う資産の評価替えにより生じた純資産（資本）の増加部分をいい，これには固定資産評価差益や保険差益などが該当する。

(4) 稼得（留保）資本

　稼得（留保）資本とは，企業による損益活動により生じた純資産（資本）の増加分であり，これには利益準備金，任意積立金および繰越利益剰余金などがある。

(5) 圧縮記帳制度

　受贈資本や評価替資本は，会計理論上は，資本助成目的から資本と扱われる

が，法人税法ではそれらは最終的に株主の利益として扱われることから，現行会計制度では，原則として損益計算上「収益」として処理され，利益剰余金（留保利益）として貸借対照表に計上されている。しかし，全額収益として計上し，そのまま課税対象とすることは，公共的事業目的や公益的事業目的を阻害することになる。この阻害を緩和するために法人税法では圧縮記帳制度が採用されている。

圧縮記帳とは，補助金等により受贈した資金額をいったん全額収益として計上し，その資金額により取得した固定資産の取得原価を補助金の分だけ控除する，つまり固定資産の金額を圧縮することである。この圧縮金額を圧縮損として計上する方法である。次期以降の固定資産の帳簿価額は，圧縮された分，少なく計上され，その結果として減価償却費も少なくなり，利益が多く，課税額も多くなる。その意味では，圧縮記帳は課税の繰延といわれる。

第8章 損益計算書の原理

1. 損益計算書の意義

　会計の目的は，企業の経営成績およびその財政状態を記録・計算・報告することである。損益会計は企業の経営成績の記録・計算・報告についての考え方やそのルールについて扱う領域である。分かりやすくいえば，損益会計は，適切な損益計算書を作成するための原則や基準について考えることである。

　損益計算書について，収益・費用の認識基準・認識原則である発生主義や実現主義，損益計算を行う上での当期業績主義と包括主義の意義と対立点などを考えるのが第8章の課題である。まず，損益計算書は具体的にどのようなものであるかをみておく必要がある。

2. 損益計算書の体系

　損益計算書は企業の経営成績を示すものであり，一定期間の収益とこれに対応する費用を示し，利益を計算し表示するものである。具体的には勘定式損益計算書と報告式損益計算書があるがその要点を示すと次のとおりである。

(1) 勘定式損益計算書

　勘定式損益計算書は，収益を貸方（右側）に費用を借方（左側）にまとめて示し，純利益（または純損失）はその差額として表示するもので，分かりやすい形式である。具体的には次のような形式のものである。

〈勘定式損益計算書〉

損　益　計　算　書 自　平成X1年1月1日 至　平成X1年12月31日　　　単位：円			
費用の部	金　　額	収益の部	金　　額
売　上　原　価	155,000	売　　上　　高	300,000
販　売　員　給　料	25,000	受　取　利　息	1,000
広　告　宣　伝　費	8,000	受　取　配　当　金	3,500
販　売　手　数　料	5,000	雑　　収　　入	2,500
役　員　報　酬	10,000	固定資産売却益	3,000
管理部門給料	30,000		
支　払　家　賃	4,000		
通　　信　　費	3,000		
水　道　光　熱　費	2,000		
支　払　利　息	1,200		
固定資産売却損	5,000		
法人税・住民税等	20,000		
当　期　純　利　益	41,800		
合　　　計	310,000	合　　　計	310,000

　収益の合計が310,000円であり費用の合計が268,200円（売上原価から法人税・住民税等までの合計）になっているので，その差額41,800円が当期純利益となり，これを費用の側（借方）に表示して，損益計算書の合計金額は借方，貸方いずれも310,000円として表示する。

　この勘定式損益計算書は，収益と費用が左右に一覧して表示されているので分かりやすいといえる。しかし，収益と費用の性質の違いを必ずしも明示していないという欠点がある。収益でも売上高と受取利息や雑収入は企業にとっての重要性は明らかに異なっている。また，費用においても売上原価と販売費（販売員給料，広告宣伝費，販売手数料など）や一般管理費（役員報酬，管理

部門給料，支払家賃，通信費，水道光熱費など），さらには支払利息や固定資産売却損などは企業活動における役割や重要性が違うので区分して示すことが望ましい。

損益計算書の役割は企業の経営成績を表示するものであるから，収益の中心である売上高とその売上高をもたらす直接的犠牲である売上原価を対比させて，その差額を売上総利益として示し，その他の収益や費用もその性格に応じた表示を行うことにより，より効果的な経営成績の表示になる，という考え方に従った損益計算書が次に述べる報告式損益計算書である。

(2) 報告式損益計算書

報告式損益計算書は，売上高から始まり，それに対応させて売上原価を示し，差引差額である売上総利益を表示する。そして順次，収益と費用を性格別に対応・表示しながら，最終的な当期純利益を計算・表示する形式のものである。その要点をまとめると次のようになる。

① 収益を「売上高」「営業外収益」「特別利益」に分ける。
② 費用を「売上原価」「販売費一般管理費」「営業外費用」「特別損失」「法人税・住民税等」に分ける。
③ 売上高から売上原価を差し引き，「売上総利益」を示し，以下順番に，「営業利益」「経常利益」「税引前当期純利益」「当期純利益」を示す。
④ 「経常利益」は，その企業が経常的な活動から得た利益を示し重要な指標となる。

数字は先に示した勘定式損益計算書と同じものを使っているので，当然最終の当期純利益の金額は 41,800 円となって一致している。しかし，この報告式損益計算書は，上から売上総利益，営業利益，経常利益，税引前当期純利益，当期純利益と段階的に利益を表示していることに注目してほしい。

企業会計原則においても，「損益計算書は区分表示しなければならない」と規定されていることなどから，報告式損益計算書がわが国では原則的な形式と

〈報告式損益計算書〉

	損　益　計　算　書 自　平成X1年1月1日 至　平成X1年12月31日	単位：円
Ⅰ 売上高		300,000
Ⅱ 売上原価		155,000
売上総利益		145,000
Ⅲ 販売費及び一般管理費		
販売員給料	25,000	
広告宣伝費	8,000	
販売手数料	5,000	
役員報酬	10,000	
管理部門給料	30,000	
支払家賃	4,000	
通信費	3,000	
水道光熱費	2,000	87,000
営業利益		58,000
Ⅳ 営業外収益		
受取利息	1,000	
受取配当金	3,500	
雑収入	2,500	7,000
Ⅴ 営業外費用		
支払利息		1,200
経常利益		63,800
Ⅵ 特別利益		
固定資産売却益		3,000
Ⅶ 特別損失		
固定資産売却損		5,000
税引前当期純利益		61,800
法人税・住民税等		20,000
当期純利益		41,800

して扱われ，実務においても基本的にこの形式に従ったものが作成されているのである．

(3) 損益計算書原則

損益計算書原則とは，経営成績を正確に，明瞭に示すための原則である．企業会計原則において，損益計算書について次のように規定している．「損益計算書は，企業の経営成績を明らかにするため，一期間に属するすべての収益とこれに対応するすべての費用を記載して経常利益を表示し，これに特別損益に属する項目を加減して当期利益を表示しなければならない」．

損益計算書の役割は，企業の経営成績を明らかにすることであり，そのためには，会計期間におけるすべての収益とこれに対応するすべての費用を記載しなければならないことを示している．企業の経営成績を示すには，経常利益の表示が重要であることを明確にしていることにも注意することが大切である．また，企業の最終的な経営成績を示す純利益の表示についても明らかにしている．

3. 損益計算原理

企業は営利を目的にして経済活動をする組織である．したがって企業会計の中心的役割が利益の認識，測定，報告である．実はその利益の計算には2つの方法がある．財産法と損益法の2つである．

現在の会計は期間損益の計算を前提にしているので，財産法では期首の純財産と期末の純財産を比較してその増減から期間の損益を計算する．損益法は期間収益と期間費用を計算し，その差額により期間損益を算定するのである．少し詳しくみていくことにしたい．

(1) 財産法

財産法による損益計算の算式は次のとおりである．

期間損益＝期末純財産―期首純財産

　純財産は正味財産ともいわれるが，その期首の純財産が企業活動の結果，期末に増加していればその増加分が利益である。期首の純財産が500万円でありその純財産が期末に650万円に増加していれば，その増加差額150万円が期間利益である。

期末純財産650万円－期首純財産500万円＝期間利益150万円

　純財産は資産から負債を引いたものであるから，期首と期末の資産と負債を計算し確定すればその差額として期間損益が計算できる。

〈事例研究〉　期首資産900百万円，期首負債400百万円，期末資産1,300百万円および期末負債550百万円として期間利益を求めなさい。

　（答）　イ　期末純財産＝期末資産1300百万円－期末負債　550百万円
　　　　　　　　　　　＝750百万円
　　　　ロ　期首純財産＝期首資産　900百万円－期首負債　400百万円
　　　　　　　　　　　＝500百万円
　　　　ハ　期間利益＝期末純財産　750百万円－期首純財産　500百万円
　　　　　　　　　　＝250百万円

　財産法は資産と負債の計算を正確に行えば利益計算が可能である。必ずしも，帳簿記録を継続的に行っていなくても，ある程度の正確な利益の計算が可能である。その意味で簡易な利益計算の方法として利用できる。

　しかし，期間利益の金額の計算は可能であるが，その利益の原因や構成要素などについての情報はまったく提供されないという大きな欠点がある。また資産の計算においても，たとえば商品や固定資産を評価する場合には継続的・組織的記録がないと困難な場合が多いのである。こうした欠点を補い企業活動の成績を示す多くの情報を提供するような損益計算の方法が「損益法」である。

(2)　損益法

　損益法による損益計算の算式は次のとおりである。

第 8 章　損益計算書の原理

期間損益＝期間収益－期間費用

　期間収益が 500,000 円で期間費用が 420,000 円であれば，期間利益は 80,000 円になる。期間収益は，期間に発生した売上高，受取手数料，受取利息，受取配当金，雑収入などのすべての収益を合計したものである。また，期間費用は，期間に発生した売上原価，販売員給料・広告宣伝費などの販売費，地代家賃・通信費・消耗品費などの一般管理費，支払利息などのすべての費用を合計したものである。

　ところで，この損益法による計算は実はそれほど簡単ではない。上の説明で，期間に発生した売上高などの収益を合計するといったが，たとえば 1 年間の期間であれば，その期間の売上高を整然と記録し計算する仕組みが必要になるし，売上高をどのように認識するか，測定するかが重要になる。また，費用についても売上原価の計算を正確にするためには，その記録・計算システムの構築だけでなく，売上原価を計算するルールを決める必要もある。

(3)　期間損益計算

　損益計算の方法について，財産法と損益法について説明する中で期間計算という言葉を使ってきたのであるが，ここで「期間計算」についてその意義や重要性を，少し歴史的経過を踏まえて考えておきたい。

　期間計算とは，企業が継続的に存続するという仮定・前提の上に立てば，利益計算をする場合には，1 年なり半年という期間に区切って計算する必要があるということを意味する。

　たとえば，地域で行われるバザーとか，大学などの学園祭での模擬店などの損益計算の場合には，そのイベントを計算単位として，その収入と支出を記録して利益計算をするだけでよいし，さらには，一切の記録なしに，最初の元手金と最後の残金を比較して損益を計算することも可能であり，期間計算の必要はなくむずかしいことは何にもない。

　事業が永続的なものになり，企業の存続が永年にわたって継続するような経

済社会の出現を背景にして，その事業なり企業が継続中であっても，出資者に配当をするため，経営者が事業の成果を確認するため，国などに税金を払うための根拠となる利益の報告の必要性などから，一定期間を区切って損益の計算をする必要が生じてきたのである。

　歴史的にみても簿記の発生の起源をたどっていくとイタリアの商業都市の勃興と活躍が注目されるが，複式簿記は，13～4世紀のイタリアにおいて生誕した。世界で最初に出版された簿記・会計に関する文献は，ルカ・パチョーリが書いた『算術・幾何・比及び比例全書』であるといわれ，1494年にヴェネツィアで出版された。しかし，この簿記書において，商品に関する損益計算や旅商の損益計算の解説，年度の元帳の締め切りなどの記述はあるが，年度決算は知らなかったとする考え方が通説とされている（平林喜楽『近代会計成立史』同文館出版，30-31頁）。すなわち，その当時の簿記や会計には期間計算という考え方はないといわれる。

　中世のイタリア商人は地中海貿易を中心として活躍したのであるが，当時は固定した店舗や事務所を構えて活動するのではなく，会計単位は企業というよりも，ある貿易・航海を単位として資金を集め，その成果を出資者に報告し，分配するために記録・計算・報告するためのものとして行われた。その航海の最初と最後が会計期間であり，出資者に関する記録，商品の記録，経費の記録などを整然と明瞭に行い，その結果を明確に報告することが重要であった。期間計算に必要な売掛金や買掛金，収益や費用の見越し繰り延べといった概念は必要なかったのである。

　しかし，産業革命を経て，製造業が大規模化することにより企業が継続的に存続することが常態化すると共に，外部からの資金調達の必要性が増すこととなっていった。その結果，企業が資金提供者に経営成果を定期的に報告する必要性が生じて行くのは必然であった。製造業の大規模化に伴い，商業も拠点を構え，取引規模が拡大し，競争の激しさなどから，信用取引の出現や資金調達の必要性が増大していった。その結果，期間を区切って決算を行い，経営成績

の計算・報告を出資者や資金提供者に行う必要性が高まっていったのである。

期間損益計算の必要性が明らかになったのは，機械制大工業の発達により機械・設備などの固定資産の費用の扱いが重要になったことをあげなければならない。大規模な工場建物の建設や機械設備への支出を損益計算においてどのように扱うべきであるかの問題である。期間計算を正確に行うために，このような固定資産取得の支出を減価償却という考え方で処理するという会計理論が確立されていったのである。こうした会計理論における基本的概念が次に述べる発生主義や実現主義，費用収益対応原則などの考え方である。

4. 損益の認識基準（現金主義・発生主義・実現主義）

(1) 現金主義と発生主義の原則

収益や費用を認識する場合の基準は大きく分けると，現金主義と発生主義がある。現金主義は，現金の収入と支出に基づいて収益と費用の認識をするが，発生主義は，経済的価値の費消または増加という事象の発生に基づいて収益と費用を認識する考え方である。

現金主義による収益と費用の認識は，わかりやすく簡単であり判断に迷うこともないという利点がある。したがって，現在でも中小企業の多くが日常的に使用している基準である。

しかし，現金主義は，商品の在庫を抱えている企業や，仕入や販売において信用取引（掛取引）をしている場合などには，正確な期間損益の計算という観点からは適切でない。なぜなら，会計期末に売掛金や買掛金が残っている場合に，現金主義では販売済みの商品について現金入金がないということで収益として認識しないことになる。また，仕入商品の支払が買掛金として残っていても費用として認識しないことになり，正確な損益計算が不可能になってしまうからである。

信用取引の場合に，商品の販売や購入の事実（経済取引がなされたという事

実)を基準にして,収益や費用として認識する方法が発生主義である。発生主義のほうが企業活動の実態に即した損益計算が可能になる。

固定資産の扱いについても,現金主義においては正確な期間損益の計算が損なわれることになる。現金主義は,現金の支出を基準に費用の認識をするので,固定資産を購入し,支払をするとその時点で費用として認識することになる。

しかし,固定資産は長期間に使用し,その耐用年数にわたって収益の獲得に貢献するのであるから,固定資産の取得に要する費用は取得時だけの費用とするべきではなく,使用可能期間〔耐用年数〕にわたって費用として配分することが必要になる。

このように固定資産の取得原価を収益獲得に関連付けて期間配分して認識計上する考え方が発生主義である。

歴史的にみても,現金取引が基本であった時代には,現金主義が当然のこととして収益の認識基準として使われていた。しかし,取引の範囲が拡大し,継続的な取引が定着し信用取引が広がるにしたがって,現金主義の限界が明らかになり発生主義によって収益や費用を認識する必要が出てきたのである。また,大規模な工場や機械,設備を使っての製造業が出現するようになり工場や設備,機械の取得費用の処理をめぐって減価償却という考え方が広まり,発生主義の考え方が定着していったのである。

(2) **実現主義**

実現主義は,収益の認識にかかわる基本原則である。収益の認識には確実性が特に要求されるので,収益の発生を前提にして,その実現がかなり確実であることを保障できる事実に基づいて行うという考えである。

具体的には,商品の販売,物の引き渡し,サービスや役務の提供の完了時点で収益の実現があるとして,その実現に基づき収益を認識するのである。実現主義を販売基準,完成基準,引渡基準などということもある。

実現主義の原則は,言い方を変えると発生利益のうち未実現利益を排除する

ことによって達成できることになる。利益が発生していても，未実現のものは排除して，実現しているか実現の可能性が極めて高いものだけを収益として認識するという原則が，実現主義である。

　たとえば，農業作物は，農作業の進行と共に成長し，利益も少しずつ発生していると考えられ，市場価格のあるものであれば，ある程度の見積もり利益の計算は可能である。しかし，最終的に収穫し販売しない限り，その利益は実現されないのであり実現の可能性も高いとはいえない。したがって，こうした農作物の未実現利益は認識できないのである。

　また，過去に購入した土地が近隣の開発により時価が高くなり，時価の金額も公示価格などである程度の見積りが可能な場合がある。このような地価の上昇による見積利益は，発生主義の観点からは認識が可能である。しかし，実現主義によれば，収益の認識は慎重に行い，収益計上は確実なものに限るべきであるとされ，時価の変化による利益は実現したものではなく，また確実性も高いとはいえないので収益として認識すべきでないことになる。

　なお，次のような事例により，現金主義，発生主義，実現主義の違いを考えてほしい。

〈事例研究〉農家で米の収穫が終わり，販売見込額で800万円となる。年末までに，このうち700万円を販売し，代金600万円を現金で受け取った。米の生産に必要な材料費・人件費等は400万円で，このうち350万円は支払済みで残りは来年に支払う。よって，

　　① 売上高を発生主義で行うといくらか
　　② 売上高を現金主義で行うといくらか
　　③ 売上高を実現主義で行うといくらか
　　④ 費用を現金主義で行うといくらか
　　⑤ 費用を発生主義で行うといくらか
　　⑥ 売上高を実現主義，費用を発生主義で行うと利益はいくらか
　　⑦ 売上高と費用をいずれも現金主義で行うと利益はいくらか

〈答〉 ① 800万円　② 600万円　③ 700万円　④ 350万円　⑤ 400万円
　　　⑥ 700万円 − 400万円 = 300万円　⑦ 600万円 − 350万円 = 250万円

5. 損益の測定基準

　損益について、いつの時点で計上するべきかを決定する基準が、損益の認識基準であり、現金主義、発生主義、実現主義であることが明らかになった。次は、その認識された損益を計上する場合の測定規準について考えることにしたい。

　収益・費用の計上基準は、原則として、収支基準である。収益・費用は、収入および支出を基準に計上しなければならないということである。逆にいえば、時価や見積もりによってはならないということである。

　収益は、販売した財貨や提供した役務の対価〔販売価額・約定金額〕である収入額によって、測定するのである。この場合の収入額は、現金の収入額という狭い概念ではなく、現在または将来の収入額という広い概念であることに注意したい。たとえば、売掛金や受取手形で収入した場合でも、将来現金で回収されることが予定されており、測定の対価とみなすのである。

　費用は、財貨の購入をした場合や役務の提供を受けた場合に、実際に支払うべき対価〔購入価額・約定金額〕により測定する。費用の対価の場合も、現金のみの狭い概念ではなく、買掛金や支払手形での支払であっても、将来の現金支払が予定されており、測定の対価とみなされる。

　ただし、固定資産の減価償却を費用として計上する場合には、固定資産の取得原価を費用配分することにより各期の費用が決定されるが、測定基準である支出基準との関係を確認しておきたい。この場合には、固定資産の取得原価が支出基準で測定され、その金額に費用配分という別の基準を適用して損益計算上の費用として計上するのであり、費用の測定の基礎に支出基準が適用されている。

企業業会計原則では「全ての費用及び収益は，その支出及び収入に基づいて計上しその発生した期間に正しく割り当てられるようにしなければならない」と述べられているが，「その支出及び収入に基づいて」という意味は，その実際に支出した金額および実際に収入した金額で計上しなければならないということである。いわゆる原価基準といわれるものである。

原価基準に対して時価基準があり，収益や費用または資産を時価で計上するという考え方がある。特に物価が変動しインフレが大きな問題になるような時期には原価基準の欠陥が問題にされ，時価基準が主張されてきた。

近年，時価基準に基づいて費用や収益を計上するという考え方が広がり，実際の会計基準の一部に時価基準による処理が規定されている。たとえば，有価証券の取得について時価での計上が基本とされ，その結果，期末において時価の変動を収益または費用として認識することになり，損益計算書にその評価損益が計上されることになっているのである。

ただし，現在でも，基本的には客観性や測定可能性において原価基準が優れているという合意があり，基本的な考え方は原価基準に基づいて収益や費用を測定するのが原則であることは確認しておきたい。

6. 費用収益対応の原則

費用収益対応の原則は，発生主義によって認識された費用と，実現主義によって認識された収益とを対応させる必要があるという原則である。発生費用のうち，収益に対応するものを期間費用とするという考え方である。損益計算にとって，正確な期間損益を計算することが最も重要な要請であるが，期間損益の正確な算定にとって，費用収益対応の原則はきわめて重要な原則である。

その期の発生費用と実現した収益をそのまま認識・計上するとどうなるであろうか。たとえば，その期に発生した仕入費用が900万円であり，そのうち3分の2を販売した売上収益が800万円であったとする。販売に要したその他の

費用が50万円としたら,損益計算はどのようになるであろうか。

実現収益は800万円で発生費用は950万円〔発生した仕入費用とその他の費用合計〕なので,その差し引きはマイナスとなり,150万円の純損失と計算して良いであろうか。答は,否である。

正しくは,発生費用を実現収益に対応させるために,仕入費用900万円のうち,販売された仕入品の3分の2に相当する600万円〔発生した仕入費用900万円の3分の2〕だけを当期の費用として認識計上する必要があり,残りの300万円は在庫商品として次期に繰り越されなければならない。その結果,実現収益800万円,これに対応した仕入費用600万円とその他費用50万円を差し引いた150万円が当期の純利益となる。こうした考え方が収益費用対応の原則なのである。

また,製造業の場合には収益費用対応の原則の重要性がさらに明確になる。たとえば,車の製造・販売を行う企業を考えてみる。車の製造のために鉄鋼や部品などを仕入れ,それを工場で加工・製造することにより製品になり,その後販売される過程をとる。

製品化するまでに,材料や部品の仕入費用が発生し,工場での製造過程で人件費やその他の多くの費用が発生する。しかし,それらの発生費用は製品の原価であり,それが販売されない限り損益計算上の費用とすることはできない。製品のうち販売されたものに対応する原価〔発生費用〕のみを費用として認識することによって,正確な期間計算が可能になる。

費用収益対応原則は,個別的・直接的対応と期間的・間接的対応に分かれる。売上高と売上原価は個別的・直接的対応とよばれ,売上高と利息や販売費および一般管理費との対応は,期間的・間接的対応とよんで区別される。これはどちらかといえば技術的な観点から区別されていると考えられる。

本来なら,売上高に個別的・直接的に対応させることが正確な期間損益計算のためには望ましい。しかし,すべての費用を収益に個別的に対応させることは困難であることは明らかである。費用と時間をかければ可能であっても経済

性や重要性の観点から，簡便的に販売費などは発生した期間にすべて計上することにするのが期間的・間接的対応である。

次のような事例で，発生主義や費用収益対応原則について確認しておくと良い。

〈事例研究1〉

「農機具300万円を買い現金で払ったが，この農機具は，5年間使用でき，収益獲得に貢献する（平均的に費用配分し，残存価額はゼロとする）」

① 現金主義で行うと農機具にかかる今年度の費用はいくらか
② 収益費用配分の原則を適用すると今年度の費用はいくらか

〈答〉① 300万円　② 300万円÷5年間＝60万円

〈事例研究2〉

「1台10万円のパソコンを50台仕入れた。このうち40台を1台15万円で販売した。販売代金のうち450万円は現金で受け取り，残りの150万円は掛け（売掛金）とした」

① 仕入れ金額はいくらか
② 販売金額はいくらか
③ 現金主義による売上金額はいくらか
④ 発生主義（実現主義）による売上金額はいくらか
⑤ 費用収益対応原則によると，売上原価はいくらになるか
⑥ 売上総利益はいくらになるか

〈答〉① 10万円×50台＝500万円　② 15万円×40台＝600万円　③ 450万円
　　④ 600万円　⑤ 10万円×40台＝400万円　⑥ 600万円－400万円＝200万円

7. 当期業績主義と包括主義

損益計算書の役割は何であり，何を表示すべきであるかについて，大別して2つの考え方がある。それが，当期業績主義と包括主義である。

当期業績主義は，損益計算書は企業の正常な収益力を示すためのものなので，そのためには，臨時損益や前期損益修正などを除いた，経常損益のみを計上した損益計算書であるべきだという考え方である。
　当期業績主義の論拠は次の2つがあげられている。
　　① 損益計算書に臨時損益や前期損益修正が含まれていると，経営成績の判断を誤らせる恐れがある。
　　② 損益計算書の期間比較を行う場合に，臨時損益や前期損益修正が含まれていると，困難になる。
　一方，包括主義は，損益計算書は最終的な処分可能利益までを計上し，表示すべきだとし，損益計算書には特別利益や特別損失も含めるべきことを主張する。
　包括主義の論拠も2つに集約される。
　　① 損益計算書から臨時損益や前期損益修正を除外するとした場合に，臨時損益や前期損益修正の定義や範囲を決めるに当たり，主観的な判断が入り，かえって損益計算書がゆがめられる恐れがある。
　　② 臨時損益や前期損益修正などの異常項目も，長期的には平準化され企業の収益力の測定に大きな問題とはならない。
　当期業績主義の論拠と，包括主義の論拠はそれぞれ理由のある主張であるが，わが国の制度会計と実務は，当期業績主義の考え方に配慮しながら，包括主義を採用した損益計算書となっている。先に示した報告式の区分損益計算書において，経常利益を表示し，それに続けて，特別損益項目を表示することにより最終的に当期純利益を示す形になっている。

8. 損益計算書総額主義の原則

　企業会計原則において，「費用及び収益は，総額によって記載することを原則とし，費用の項目と収益の項目とを直接に相殺することによって，その全部

又は，一部を損益計算書から除去してはならない」と述べられている。

　たとえば，販売先から別の商品を仕入れるという場合がある。このときは同じ相手先に対する売上高と仕入高が発生する。代金の精算は相殺して行うことは当然ありえるが，収益としての「売上高」と費用としての「仕入高」は相殺せずに，それぞれ総額で計上しなければならないのである。

　費用と収益を相殺した場合でも，最終的な利益の計算において差異は生じないのであるが，損益計算書の目的は，企業の経営成績を示すことにあり，最終利益だけを計算表示することだけでは，経営成績の判断には役立たないからである。

　企業会計原則の一般原則の1つに「明瞭性の原則」があるが，「損益計算書総額主義の原則」は，この明瞭性の原則を損益計算書の作成・表示に適用したものといえる。損益計算書を表示する場合に，収益と費用を相殺すると経営成績の明瞭表示を損なうことになり，利用者の判断に誤解を与える結果になるからである。

第9章 損益会計論

1. 損益会計の意義

　第8章において，収益と費用について，期間損益計算の観点から，発生主義，実現主義，費用収益対応原則などをみてきた。また，損益計算書の形式や，損益報告を行う場合の対立した2つの考え方（当期業績主義と包括主義）について学んできた。

　本章では，以上の損益計算の基本原則を踏まえた上で，損益会計の基礎概念である収益と費用について，その意義と種類，分類，さらに，収益と費用を計上する場合の具体的な基準等について，実務的な観点を入れて検討する。

2. 収益の意義と分類

　収益とは，資本取引以外による純資産（資本）の増加要因になるものである。小売業であれば，商品を売り，代金として現金を受け取れば，現金という資産が増加し，それだけの純資産が増加することになる。このような「売上高」は純資産の増加要因である収益である。また，企業が保有する定期預金の満期が到来し，利息が定期預金の元金に加えられたとする。利息分だけ定期預金という資産が増加し，それだけ純資産が増加することになる。このような「受取利息」は純資産の増加要因であり収益である。

　収益は，「経常収益」と「特別収益」に大別される。「経常収益」は企業活動において経常的，循環的に発生するものである。さらに，企業の主目的の営業

活動によって発生する「営業収益」と，企業の財務活動などにより発生する「営業外収益」よりなる。

「営業収益」は売上高または役務収益，請負収益など企業の主たる営業活動によって獲得し発生するものである。収益の中でも中心になるのが営業収益であり，企業の主たる営業活動によって獲得した成果である。営業収益は通常は売上高として表示されるが，「工事売上高」「役務収益」などとして表示される場合もある。

「営業外収益」は，主として企業の財務活動に伴って発生する，受取利息，受取配当金，受取手数料などである。企業が余剰資金を運用して預金利息や株式配当金，を得た場合に計上される。有価証券売却益なども含まれる。

「特別利益」は，経常的，循環的なものではなく，臨時的，偶発的に発生したものである。固定資産売却益，投資有価証券売却益などである。前期損益修正益も含まれる。

3. 収益の認識と測定

収益の認識・計上は「実現主義」によるが，具体的には，販売基準または引渡基準とよばれる基準にしたがって行われる。また，収益の測定は，現在または将来の収入を基準にして測定するということについてはすでに明らかにした。

ところで，収益の実現，収入の確定を判断する場合の基準である販売基準または引渡基準を具体的に考える場合の，販売や引渡しがいつ行われたのかという判断についても，実務的にはさまざまである。

たとえば，販売という行為の過程を分析すると，注文を受け，商品を出荷し，相手方にその商品を引き渡し，相手が検査をした後受領書を受け取るという段階がある。この各段階のどれを基準にして売上高を計上するかは，企業によって異なるのである。出荷基準，引渡基準，検収基準等である。これらはい

ずれも広い意味の販売基準であるが,実務的にはさまざまな基準があり,企業のおかれた条件,その取引の特殊性などによって適切な基準を適用するのである。

4. 特殊商品売買

収益の中心になる販売活動において,委託販売,割賦販売などの特殊な営業活動があり,こうした特殊商品売買に対応した収益計上基準についてみておく必要がある。

(1) 委託販売

商品の販売を他人に委託する販売形態を委託販売という。委託品は受託者に渡した段階でなく,受託者が第三者に売却したときに,「販売された」というべきで,そのときに収益が実現したと考える。

委託販売は受託者が受託品を販売したときに収益を計上する。実際には,委託者が販売した事実を知ることができるのは,受託者からの報告を待つほかない。受託者から「売上計算書」(仕切り清算書)が送られてくるので,その売上計算書に基づいて収益を計上することになる。実務上は,売上計算書の到着の日を収益の実現とすることもできる。

(2) 試用販売

商品を実際に使用した後に商品の購入を決めることができる販売形態を試用販売という。通信販売などで利用されている。

試用販売では商品を引き渡した時点では,まだ,購入するか否かの決定がされていないので収益として計上できない。買い手が,買取の意思表示をしたときが収益の計上すべき日である。実務的には,返品猶予期間を定め,その期間を経過した日に買取の意思があったみなすものとされているので,その日に収益として計上することになる。

(3) 割賦販売

　商品を引き渡した後その代金を分割して受け取る販売形態を割賦販売という。商品を引き渡しているのであるから，当然商品を引き渡した時点において収益として計上するのが原則である。しかし，その分割回数が多く期間が長期にわたる場合に「回収基準」という例外的な収益計上基準を適用することがある。

　代金の回収を分割し，しかも長期にわたる支払を認めるので販売代金も通常の場合より高く設定されている，すなわち，利息相当分，代金回収手数料，回収不能のリスク費用などが収益に含まれている。引渡基準によって収益を計上するとこのような割り増し利益が未実現のまま収益として計上されるという問題点もある。したがって，回収基準の適用は合理性もあるのである。

　回収基準は，回収金額に応じて分割して収益を計上する方法である。また，実際に代金を回収したときだけでなく，代金支払の約定日に収益を計上する「回収期限到来基準」方法もある。

(4) 工事収益・請負収益

　建設業の場合は工事が長期にわたることが多く，金額も大きいので収益の計上には問題点が多い。収益の計上は実現主義によるので，工事収益であっても工事が完成し，引き渡したときをもって収益に計上するのが原則的な考えといえる。これを工事完成基準という。

　しかし，この原則を当てはめると数年にわたるような長期工事の場合は，企業が営業活動を行い収益の発生が明らかであるのに，引き渡しがないというだけで収益が計上されないことになり，企業の正確な経営成績の計算・表示の要請を満たさない結果となる。収益の計上基準として実現主義を採るのは不確実な収益を計上すること，未実現の収益を計上することを避けるのが目的であるが，建設工事の場合は請負契約において請負金額は確定しており，その代金の支払い方法も契約上定められ契約どおり履行される慣行が確立している。

　そこで，工事収益を工事の進行割合に応じて計上する工事進行基準が認めら

れ，長期工事の場合は工事進行基準が原則とされているのである。

建設工事だけでなく，ソフトウェアー請負業などの場合もこの「進行基準」の考え方にしたがった収益の計上が行われている。コンピューターシステムの設計を請け負った場合，完成し引き渡し，検収が終わったときに収益に計上するのが原則であるが，数年にわたる作業である場合，作業の進行度合いに応じて収益を計上することが認められる。

5. 費用の意義と分類

(1) 費用の意義

費用とは，「資本取引以外による純資産（資本）の減少原因」となるものである。会計的には，費用は収益獲得のための価値犠牲である。小売業において，買い手に商品を引き渡せば，それだけ資産が減少し，したがって純資産も減少する。売上高という収益を得るための価値犠牲であり，「売上原価」という費用の発生である。広告宣伝のため現金を支払えば，資産が減少し，それだけ純資産が減少する。この場合の広告宣伝費は，売上を確保する目的で「広告宣伝」をするための価値犠牲であり，費用の発生である。

(2) 費用の分類

費用は「経常費用」と「特別損失」に大きく分類される。経常費用は「営業費用」と「営業外費用」からなる。営業費用は営業活動によって生じる費用であり，売上原価と販売費及び一般管理費に分類される。

① 営業費用

営業費用の中でも中心になるのは「売上原価」である。「売上原価」は，売上高を得るために直接必要な原価であり，小売業であれば商品仕入原価のうち売上高に対応するものである。売上原価は，売上収益を得るために販売された商品や製品の原価である。小売業であれば，販売品の仕入原価のうち実際に販売された商品の原価である。製造販売業であれば，自社が製造した製品のうち

実際に販売されたものに対応する原価である。

　売上原価の計算は，本来は個別の商品・製品ごとに計算されるべきものであるが，通常は一定期間の売上高に対応して次のようにして計算される。販売業の場合であれば，

> 売上原価＝期首商品棚卸高＋当期仕入高—期末商品棚卸高

となる。期首にあった商品と当期に仕入れた商品高を加えたものから，期末に残った商品を引けば，それが売却された商品のはずであるという算式である。盗難や紛失がないという前提でこの式が成り立っている。

　「販売費及び一般管理費」は，販売員給料，広告宣伝費など販売に必要な費用，事務員給料，事務所家賃などの一般管理のために必要な費用である。「販売費」は，販売活動に必要な費用である。販売手数料，広告宣伝費，運搬料，交際費，通信費，保管料，販売員給料手当などである。

　「一般管理費」は企業の管理活動に必要な費用である。管理部門の光熱費，家賃・地代，通信費，交通費，管理部門の給料手当，役員報酬などである。

　減価償却費などは，販売拠点の営業所の建物や営業車などのものは販売費となるが，本社や事務所建物や事務用備品のものは一般管理費となる。

　給料手当も販売員であれば販売費になり，事務員であれば管理費になるというように，その費用の目的や機能によって分類されているのである。

② 営業外費用

　営業外費用は，借入金に対する支払利息，発行した社債に対する支払利息などの金融費用などである。為替損失，有価証券評価損，有価証券売却損なども営業外費用になる。このような費用は，企業の本業の活動において生じるものではないため，営業外費用とされるが，経常的に発生するものであるので，経常費用とされる。

③ 特別損失

　経常的に発生せず，臨時的，偶発的に発生する費用・損失が「特別」損失で

ある。これには，災害による損失，固定資産売却損，固定資産除却損，投資有価証券売却損，関係会社整理損，巨額な貸倒損失などがある。その他に前期損益修正損も含まれる。

　こうした特別損失は，経常的に発生する費用とは区別して損益計算書に計上することが，企業の経営成績の表示に有用であると考えられているのである。

　④　法人税・住民税・事業税等

　企業が活動することが出来るのは国や自治体の存在が前提になっている。したがって，国や自治体に対して企業の獲た利益の一部を税金として負担する。このような税金を「法人税」「住民税」「事業税」といい，企業活動のための費用であると考えられるので，損益計算書の「税引前当期純利益」の後に，「法人税・住民税・事業税等」として計上される。簡単に，「法人税等」として表示される場合もある。

6.　費用配分の原則

　費用の認識と測定の基本的考え方は，第8章で明らかにしているので，ここでは，費用配分の原則についてみておくことにしたい。

　商品や製品などの棚卸資産，固定資産や繰延資産は，それらを取得した時点で直ちに費用として認識計上することは出来ない。取得した時点では，それらの資産は企業にとどまっており，収益獲得になんらの貢献をしていないからである。

　商品等の棚卸資産は，それが売却されたときに売上高という収益獲得に貢献したことが確認される。そこで，棚卸資産は売上の実現に応じて費用として配分されて行くことになる。こうした考え方を「費用配分の原則」という。

　固定資産の場合も，この「費用配分の原則」が重要な基準になる。固定資産は，長期にわたって企業活動に必要なものとして使用されるものである。工場であれば，生産のために使用され収益獲得に貢献し，その貢献は建物の耐用年

数にわたって持続するはずである。機械や備品などの固定資産も、取得した会計期間だけでなく長期の一定期間、収益獲得に貢献する。

　固定資産はその耐用年数（使用期間）の間、企業活動に貢献することになるのであり、固定資産の取得価額（取得原価）はその使用期間に配分する必要がある。固定資産の取得原価を期間配分する手続きを「減価償却」とよぶのである。

　減価償却の計算は、使用期間の各期に均等に配分される「定額法」、初期に多くの償却を行いその後少しずつ逓減するような配分となる「定率法」、生産高や使用時間などを基準に期間配分する「生産高比例法」などの方法がある。企業の状態や固定資産の使用状況、固定資産の特性などに応じて減価償却の方法を選択する必要があるのである。

　特許権や営業権などの無形固定資産についても、収益獲得の貢献に応じて費用化する必要があり「減価償却」の手続きが必要である。

　創立費、開業費、株式交付費等、社債発行費等、および開発費などの「繰延資産」についても、その効果が発現する期間にわたって費用配分する必要があり、「償却」の手続きによって各期に計上される。

第10章 キャッシュ・フロー会計論

1. キャッシュ・フロー会計の意義

　企業の最大で基本的な目的は，利益の獲得である。その利益の獲得のために，株主や金融機関から必要な資金（キャッシュ）を調達し，それを運用することで利益を獲得している。しかし，企業によっては，多くの利益が出ているにもかかわらず，資金（キャッシュ）が不足して倒産する事態も多くみられるようになった。ここに，企業の資金（キャッシュ）の収支（フロー）の状況をあらわすキャッシュ・フロー計算書の必要性が生まれてきたといえる。このキャッシュ・フロー計算書の作成や報告を行うための会計をキャッシュ・フロー会計という。

　なお，現在のキャッシュ・フロー計算書は，一定期間のキャッシュ・フローの状況を3区分された活動区分（営業活動，投資活動および財務活動）により，その活動内容を示すようになっている。

2. キャッシュ・フロー会計制度の沿革

　キャッシュ・フロー情報の公開の始まりは，1987年4月以降の決算から有価証券報告書の財務諸表外の情報として個別ベースの資金収支表である。この資金収支表は，事業活動に伴う活動収支と資金調達活動に伴う収支の2区分での活動区分で，そこで用いられる資金概念としては現金預金および市場性ある一時所有の有価証券であった。

第10章　キャッシュ・フロー会計論

　1998年4月以降の決算からは，連結財務諸表を導入するに当たり個別ベースの資金収支表を廃止し，連結ベースでのキャッシュ・フロー計算書の作成を義務付けた。同時に，このキャッシュ・フロー計算書は，貸借対照表と損益計算と共に財務諸表の1つとして位置付けられた。なお，連結キャッシュ・フロー計算書を作成しないときには，当然，個別ベースのキャッシュ・フロー計算書を作成することになった。また，資金概念も資金収支表よりも狭い現金及び現金同等物となった。

　この連結キャッシュ・フロー計算書の作成に当たっては，1998年に企業会計審議会が「連結キャッシュ・フロー計算書等の作成基準（以下「基準」と略す）」と「同注解（以下（「注解」と略す））を公表している。この基準や注解は，個別ベースでのキャッシュ・フロー計算書の作成にも準用することになっている。また，財務諸表等規則（「財務諸表等の用語，様式及び作成方法に関する規則」の略称）では，連結ベースでのキャッシュ・フロー計算書について，連結財務諸表等規則（「連結財務諸表等の用語，様式及び作成方法に関する規則」の略称）では，連結キャッシュ・フロー計算書について，それぞれ規定がなされている。

　なお，本章では，基本的には個別ベースのキャッシュ・フロー計算書の作成について基準と注解を基に論じ，必要に応じ連結ベースのキャッシュ・フロー計算書についても論じることにする。

3. キャッシュ・フロー計算書における資金の範囲

　キャッシュ・フロー計算書が対象とする資金の範囲は，現金及び現金同等物である。ここでの現金は，いわゆる現金預金のことであり，手許現金としての通貨（硬貨を含む）のほかに，当座預金，普通預金，通知預金などの要求払預金（預金者がいつでも引出すことができる預金）をいう。

　現金同等物とは，①容易に換金可能であること（要求払預金または市場でい

つでも売買できるもの），②価格変動のリスクが低いこと（株式やデリバティブなど価格変動のリスクが高いものは除かれる），③短期的な投資であること（取得日から満期日または償還日までの期間が3ヵ月以内の投資）の3つの要件を満たしているものをいう。具体的には，上記3つを満たしている定期預金，譲渡性預金（他人への譲渡を認めた定期預金），コマーシャル・ペーパー（資金調達のための無担保の約束手形），売戻し条件付現先（債権を一定期間後に一定価格で売り戻す約束のもの），公社債投資信託などがある。

なお，銀行との当座借越契約に基づく当座借越については，負の現金同等物として取り扱う。

4. キャッシュ・フロー計算書の表示区分

キャッシュ・フロー計算書は，一会計期間におけるキャッシュ・フローの状況を報告するために作成するものである。その計算書では，営業活動によるキャッシュ・フロー，投資活動によるキャッシュ・フローおよび財務活動によるキャッシュ・フローの3区分に分けて記載することになっている。

(1) 営業活動によるキャッシュ・フロー

これは，営業キャッシュ・フローともいわれ，本業としての主たる営業活動から獲得されたキャッシュ・フローである。これには，①商品や役務の販売などの営業収入，②商品や役務の購入などの支出および③販売活動や一般管理活動による営業支出などがあり，本来的には，これらは損益計算書の営業損益計算の対象となる取引に基づくキャッシュ・フローである。

上記以外に投資活動および財務活動以外の取引によるキャッシュ・フローも記載することになっている。この例としては，①法人税等の支払額，②損害賠償金の支払および③災害による保険収入などがある。

前述の2つの要素を区別して表示するために「小計」欄を設け，その上下に区別して記載することになる。「小計」欄の上には，本業としてのキャッシ

ュ・フローの状況を記載し，その合計を「小計」として記載する。また，「小計」欄の下には，投資活動および財務活動以外の取引によるキャッシュ・フローを記載することになっている。同時に，利息や配当金の受領額や利息の支払額についても「小計」欄の下を使用して総額表示をするため記載することもできる。

(2) 投資活動によるキャッシュ・フロー

これは，投資キャッシュ・フローともいい，将来の利益を獲得するために，営業キャッシュ・フローでの資金をもとに，どのような資産に投資したか，または回収したかを示すキャッシュ・フローである。これは①有形固定資産や無形固定資産などの取得や売却などの設備投資，②現金同等物には含まれない株式等（有価証券や投資有価証券）の取得や売却などの証券投資および③貸付けによる支出や回収などの融資の3つに大別され，その内容が記載される。

なお，これらの項目は，原則として総額表示であるが，期間が短く，かつ，回転が速い項目に係る投資活動のキャッシュ・フローについては，純額で表示できる。

(3) 財務活動によるキャッシュ・フロー

これは，財務キャッシュ・フローともいい，営業活動と投資活動を維持するために不可欠なキャッシュ・フローで，その維持資金の余剰または不足におけるキャッシュ・フローの状況を示す区分である。つまり，維持資金が不足するときには，新株や社債の発行収入，借入れによる収入など新たな資金調達を考えることになり，また，その資金に余剰があるときには，自己株式取得による支出，社債や借入金の返済による支出のように調達資金の返済を考えることになる。この区分には，そのほかに支払配当金の支払があるが，支払利息の支払を含めることもできる。

なお，これらの項目は，原則として総額表示であるが，期間が短く，かつ，回転が速い項目に係る財務活動のキャッシュ・フローについては，純額で表示できる。

(4) 利息および配当金の表示区分

利息および配当金の表示区分としては，継続適用を条件として，次のいずれかの方法を選択適用することができる。

① 受取利息，受取配当金および支払利息は営業活動によるキャッシュ・フローの区分に，支払配当金は財務活動によるキャッシュ・フローの区分として記載する方法（この方法による記載場所については，(1) 営業活動によるキャッシュ・フローを参照のこと）

② 受取利息，受取配当金については投資活動によるキャッシュ・フローの区分に，支払利息および支払配当金は財務活動によるキャッシュ・フローの区分に記載する方法

5. キャッシュ・フロー計算書の作成方法

キャッシュ・フロー計算書の作成方法には，直接法と間接法の2つがある。基準では，基本的には直接法で作成することになっているが，営業活動によるキャッシュ・フローについては直接法と間接法のいずれの方法も継続適用を条件に選択適用を認めている。当然のことながら，いずれの方法を採用してもその金額は必ず一致しなければならない。

(1) 直接法とキャッシュ・フロー計算書

直接法とは，すべての取引の中からキャッシュ（現金）に関するものだけを選び出し，これを主要な取引ごとに，たとえば営業収入，原材料や商品の仕入支出，人件費支出，有価証券や固定資産の購入支出や売却収入などのように総額で，キャッシュ（現金）の収入額と支出額を直接的に作成する方法である。

この長所は，主要な取引ごとにキャッシュの収入と支出が総額で（つまり収入と支出が発生したままの金額）で把握でき，キャッシュ管理がしやすい。また，短所としては，主要取引ごとに，通常の簿記処理とは別個に，キャッシュの収支を選び出すことが必要になり，手数とコストがかかることである。

第10章　キャッシュ・フロー会計論

　直接法によるキャッシュ・フロー計算書の作成については，最初の仕訳段階から通常の仕訳とは別にキャッシュ・フロー計算書の作成のための科目を独立して使用して記録し，その記録をそのまま使用して集計して作成する方法である。この方法では，一般的には，コンピュータ処理をさせて作成することが多い。つまり，その作成の一連の過程をプログラムさせたコンピュータ・ソフトを使用することで，キャッシュ・フロー計算書は自動的に作成することができる。なお，決算終了後の比較貸借対照表や損益計算書などの資料を使用して簡便的に作成する方法もある。次に，直接法によるキャッシュ・フロー計算書の様式を示す。

（連結）キャッシュ・フロー計算書

Ⅰ　営業活動によるキャッシュ・フロー	×××
営業収入	×××
原材料又は商品の仕入支出	－×××
人件費支出	－×××
その他の営業支出	－×××
小計	×××
利息及び配当金の受領額	×××
利息の支払額	－×××
損害賠償金の支払額	－×××
…………………………	×××
法人税等の支払額	－×××
営業活動によるキャッシュ・フロー	×××
Ⅱ　投資活動によるキャッシュ・フロー	×××
有価証券の取得による支出	－×××
有価証券の売却による収入	×××
有形固定資産の取得による支出	－×××
有形固定資産の売却による収入	×××

	投資有価証券の取得による支出	－×××
	投資有価証券の売却による収入	×××
	（連結範囲の変更を伴う子会社株式の取得）	－×××）
	（連結範囲の変更を伴う子会社株式の売却）	×××）
	貸付による支出	－×××
	貸付金の回収による収入	×××
	…………………	×××
	投資活動によるキャッシュ・フロー	×××
Ⅲ	財務活動によるキャッシュ・フロー	×××
	短期借入れによる収入	×××
	短期借入金の返却による支出	－×××
	長期借入れによる収入	×××
	長期借入金の返却による支出	－×××
	社債の発行による収入	×××
	社債の償還による支出	－×××
	株式の発行による収入	×××
	自己株式の取得による支出	－×××
	（親会社による配当金の支払額）	－×××）
	（少数株主への配当金の支払額）	－×××）
	…………………	×××
	財務活動によるキャッシュ・フロー	×××
Ⅳ	現金及び現金同等物にかかる換算差額	×××
Ⅴ	現金及び現金同等物の増加額	×××
Ⅵ	現金及び現金同等物期首残高	×××
Ⅶ	現金及び現金同等物期末残高	×××

※（　　）は連結キャッシュ・フロー計算書に関する項目である。

(2) 間接法とキャッシュ・フロー計算書

間接法とは，当期純利益を出発点として，それに非資金項目などの必要な調整項目を増減して，純額でキャッシュ収支を間接的に作成する方法である。

この長所として，発生主義会計での利益とキャッシュとの関係が明らかになる。さらに，その作成にあたっては，通常の簿記処理のなかで行うことができるので，比較的簡単で，手数やコストがかからないことである。逆にその短所としては，一定期間における主要取引ごとのキャッシュの収支が総額で把握できないことなどである。わが国のほとんどの企業は，作成の手数やコストとの関係から間接法によるキャッシュ・フロー計算書を採用している。

直接法または間接法でキャッシュ・フロー計算書を作成する上で相違するところは，営業活動によるキャッシュ・フローの区分である。

間接法による営業活動によるキャッシュ・フローでは，当期純利益を出発点として，次の3つの項目からなっており，それを加減して純額で表示する。なお，出発点となる当期純利益には，この区分での小計欄の下の部分を使って法人税等の支払額として独立させて記載するために，税引前当期純利益（税金等調整前当期純利益）を使用する。

① 営業外損益項目や特別損益項目

受取利息，受取配当金，支払利息，為替差損益などの営業外損益項目や，有形固定資産売却損益，損害賠償損失など特別損益項目は，投資活動や財務活動のキャッシュ・フローに含まれる項目なので，営業活動よりのキャッシュ・フローの出発点となる税引前当期純益から取り除く。営業外損益や特別損益を取り除くために加減後の当期純利益は，営業活動によるキャッシュ・フローに対応する営業利益に復元されたものといえる。また，この処理により投資活動によるキャッシュ・フローや財務活動によるキャッシュ・フローを総額で記載することができる。

なお，前述したように受取利息，受取配当金および支払利息の実際の受取額や支払額を営業活動によるキャッシュ・フローとして扱う場合には，小計欄の

下に記載することになっている。ここには法人税等支払額も記載する。

　この復元させた営業利益を本来の出発点として，次の②と③の増減を行って営業活動によるキャッシュ・フローを計算していく。

② 非資金損益項目

　この非資金損益項目としては，減価償却費や貸倒引当金増加額などがある。これらは，費用として計上したが，そのキャッシュの支出はないので，税引前当期純利益に加えることで収入処理を行う。

③ 営業資産・負債の増減額項目

　営業資産・負債の増減額は，比較貸借対照表を作成することで求められる。営業資産には，受取手形・売掛金などの売上債権や商品・製品などの棚卸資産などが，営業債務には，支払手形・買掛金などの仕入債務などがある。営業資産の減少（増加）額は，キャッシュの収入（支出）項目として，また営業債務の減少（増加）額はキャッシュの支出（収入）項目として処理する。

　間接法によるキャッシュ・フロー計算書の様式は次のとおり。

（連結）キャッシュ・フロー計算書	
Ⅰ　営業活動によるキャッシュ・フロー	×××
税金等調整前当期純利益	×××
減価償却費	－×××
減損損失	－×××
のれん償却額	×××
貸倒引当金の増加額	×××
受取利息及び受取配当金	－×××
支払利息	×××
為替差損	×××
（持分法による投資利益	－×××）
有形固定資産売却益	－×××

損害賠償損失	×× ×
売上債権の増加額	−×× ×
棚卸資産の減少額	×× ×
仕入債務の減少額	−×× ×
………………………	×× ×
小計	×× ×
利息及び配当金の受領額	×× ×
利息の支払額	−×× ×
損害賠償金の支払額	−×× ×
………………………	×× ×
法人税等の支払額	−×× ×
営業活動によるキャッシュ・フロー	×× ×
Ⅱ　投資活動によるキャッシュ・フロー（直接法と同じ）	
Ⅲ　財務活動によるキャッシュ・フロー（直接法と同じ）	
Ⅳ　現金及び現金同等物にかかる換算差額	×× ×
Ⅴ　現金及び現金同等物の増加額	×× ×
Ⅵ　現金及び現金同等物期首残高	×× ×
Ⅶ　現金及び現金同等物期末残高	×× ×

※（　　）は連結キャッシュ・フロー計算書に関する項目である。

6. キャッシュ・フロー計算書の注記事項

「基準」では，次の5つを注記事項としている。
① 資金の範囲
② 資金の範囲を変更したとき
③ 営業の譲受けまたは譲渡により増減した資産・負債に重要性がある場合

④ 転換社債の転換，ファイナンス・リースによる資産の取得，株式の発行による資産の取得や合併，現物出資による株式の取得または資産の交付などの重要な非資金取引
⑤ 各表示区分の記載内容の変更，など

7. 連結キャッシュ・フロー計算書の作成

　連結キャッシュ・フロー計算書は，原則として，親会社と子会社の個別財務諸表から各会社ごとの個別キャッシュ・フロー計算書を作成し，その個別のキャッシュ・フロー計算書を連結することで連結キャッシュ・フロー計算書を作成する。また，個別キャッシュ・フロー計算書を作成することなく連結損益計算書と比較連結貸借対照表から連結キャッシュ・フロー計算書を作成する簡便法もみとめられている。なお，連結キャッシュ・フロー計算書の作成については，第11章「連結会計論」を参照のこと。

第11章 連結会計論

1. 連結会計の意義

　昨今の国内企業のみならず国際化された企業においても企業集団を1つの会計単位とみなして，企業集団としての経営状態（具体的には財政状態，経営成績及びキャッシュ・フロー状況など）の良否や適否を判断することが必要となってきた。そのためには，企業集団としての経営状態をあらわす連結財務諸表を作成し，報告することが必要となってきた。
　ここに企業集団としての連結財務諸表を作成・報告するための会計のことを連結会計という。これに対して，企業単独（単体）の財務諸表を作成・報告するための会計を個別会計という。

2. 連結会計制度の沿革

　わが国の連結財務諸表は，1977年4月以降の決算から有価証券報告書の記載項目の1つとして本格的に導入されたが，あくまで個別財務諸表の添付書類としてであった。その後1991年4月以降の決算からは個別財務諸表の添付書類としてではなく本体書類として組み入れられた。そこでは個別財務諸表が中心であり，連結財務諸表は副次的な位置付けであった。
　1998年4月以降の決算からは，従来の個別財務諸表から連結財務諸表中心に方向転換することになった。連結財務諸表が国際的な標準であることもその転換の理由の大きな1つであった。

さらに，2006年に施行の新会社法および新会社計算規則（—以下「計算規則」と略す）における連結財務諸表の規定は，旧商法や旧商法計算規則のそれよりも一層重視したものになっている。また，連結財務諸表等規則（「連結財務諸表等の用語，様式及び作成方法に関する規則」の略称—以下「連結規則」と略す）の改定も同時に行われ本格的な連結会計時代となった。

　連結規則や計算規則における連結財務諸表の規定は，基本的に，企業会計審議会が1975年に公表し，さらに1997年に最終改正が行われた「連結財務諸表原則」（以下「原則」と略す）と「連結財務諸表原則注解」（以下「注解」と略す）に基づいている。

　また，2008年2月に企業会計基準委員会により，先の「原則」の部分的な見直しを行い，「連結財務諸表に関する会計基準」（以下「基準」と略す）を公表した。この「基準」は，先の「原則」に優先して適用することになっている（基準2, 3）。

　下表は，原則と現行の連結規則や計算規則に掲げられている連結財務諸表の種類である。

原則	連結規則1条1	計算規則93条
①連結貸借対照表 ②連結損益計算書 ③連結剰余金計算書※ 　（※この計算書は連結株主資本等変動計算書に置き換わった）	①連結貸借対照表 ②連結損益計算書 ③連結株主資本等変動計算書 ④連結キャッシュ・フロー計算書 ⑤連結附属明細表	①連結貸借対照表 ②連結損益計算書 ③連結株主資本等変動計算書 ④連結注記表

　本章では，基本的に「原則」を中心に解説を行うが，その部分見直しを行った「基準」が該当する場合には，「基準」を優先して解説を行っている。

3. 連結会計の基礎概念

　連結会計の基礎概念とは，連結財務諸表を誰の立場で作成するということであり，連結主体論ともいわれる。これには，親会社説と経済的単一体説とがある。

親会社説とは，企業集団を親会社の株主のものと考える。この立場での連結財務諸表は，親会社の個別財務諸表の延長上にあり，親会社株主のために作成される。また，経済的単一体説とは，企業集団の構成する企業のすべてを1つの経済単位とみなすので，企業集団はその構成員である親会社株主のみならず少数株主のものと考える。この立場での連結財務諸表は，親会社とは区別される企業集団全体のものであり，その構成員であるすべての株主（親会社株主と少数株主）のために作成する。

わが国の連結会計制度では，連結財務諸表が提供する情報は，主として親会社の投資者を対象としていること，また企業集団経営の指導的立場が親会社であることからも，親会社説により連結財務諸表を作成する立場を取っている。

4. 連結財務諸表作成のための一般原則

連結財務諸表は，支配従属関係にある2つ以上の会社からなる企業集団を単一の組織体とみなして，親会社が企業集団の経営状態を総合的に報告するために作成するものである（原則第1「連結財務諸表の目的」）。

一般原則は，連結原則第2として規定されており，連結財務諸表の作成および表示の全般にわたり守るべき最低限の約束事である。それには，真実性の原則，個別財務諸表基準性の原則，明瞭性の原則および継続性の原則の4つがある。同様な規定が連結規則でもなされている。このほかに，一般原則に準ずるものに重要性の原則がある。

(1) 真実性の原則

> 連結財務諸表は，企業集団の財政状態，経営成績（およびキャッシュ・フローの状況）に関して真実な報告を提供するものでなければならない（一般原則1，基準9）

これは，真実性の原則といわれ，既述した個別企業を対象とした一般原則1における真実性の原則と同様に，企業集団の経営状態を連結財務諸表によって

真実な報告を行うことを要求したものである。

　この原則での真実性は，たとえば会計処理が複数あるために，そのどれを選択しても正しい方法であるという相対的真実性をいい，正しいのが1つしかないという絶対的真実性をいうものではない。

(2)　個別財務諸表基準性の原則

> 　連結財務諸表は，企業集団に属する親会社及び子会社が一般に公正妥当と認められる企業会計の基準に準拠して作成した個別財務諸表を基礎として作成しなければならない（一般原則2, 基準10）

　これは，個別財務諸表基準性の原則といわれ，企業集団を構成する親会社や子会社の適正に作成された個別財務諸表を基礎として，連結財務諸表を親会社が作成することを要求した原則である。もし，個別財務諸表が適正に作成されていない場合には，これを適正に修正したものを使用することとなる（同注解2, 基準注解2）。

(3)　明瞭性の原則

> 　連結財務諸表は，企業集団の状況に関する判断を誤らせないよう，利害関係者に対し必要な財務情報を明瞭に表示するものでなければならない（一般原則3, 基準11）

　これは，明瞭性の原則ともいわれ，個別会計での一般原則4の明瞭性の原則と同様に，企業集団としての経営状態に関する情報を明瞭に表示し，利害関係者の判断を誤らせないようにすることを要求した原則である。

　連結財務諸表に特有なものとしては，科目集約表示の原則であり，つまり連結財務諸表の科目の分類は，個別財務諸表における科目の分類を基礎とするが，企業集団の財政状態や経営成績について誤解を生ぜしめない限り科目を集約して表示できる（注解21.1, 23.1）。

（4） 継続性の原則

> 連結財務諸表作成のために採用した基準及び手続は，毎期継続して適用し，これをみだりに変更してはならない（一般原則4，基準12）

これは，継続性の原則といわれ，個別会計での一般原則5の継続性の原則と同様に，連結財務諸表を作成するのに採用した基準や手続は毎期継続して適用することを要求したものである。このことにより，連結財務諸表における利益操作を排除し，さらにその期間比較を可能とする。

（5） 重要性の原則

> 連結財務諸表を作成するに当たっては，企業集団の財政状態および経営成績に関する利害関係者の判断を誤らせない限り，連結の範囲の決定，―中略―未実現損益の消去，連結財務諸表の表示等に関して重要性の原則が適用される（注解1，基準注解1）

これは重要性の原則といい，個別会計における重要性の原則と同様に，連結財務諸表を作成するに当たっては，企業集団の財政状態および経営成績に関する利害関係者の判断を誤らせない限り，重要性が乏しい場合には，簡便的な会計処理や表示等を可能とする原則である。

5. 連結財務諸表作成のための一般基準

一般基準は，連結財務諸表の全般にわたり共通する作成や表示のための基本的な約束事であり，原則第3「一般基準」および基準「連結財務諸表作成における一般基準」において規定されている。

（1） 連結の範囲

連結会計では，親会社は，原則としてすべての子会社を連結の範囲に含めて，連結財務諸表を作成する（原則第3.1.1，基準13）。ここで親会社とは，他

の会社を支配している会社，つまり他の会社の意思決定機関を支配している会社のことである。子会社とは支配を受けている他の会社のことである（原則第3.1.2，基準14）。

(2) 連結子会社の判定基準

親会社が連結の範囲に含める子会社のことを連結子会社というが，その判定基準には，持株基準と支配力基準とがある。この連結子会社には，親・子会社が共同して，または子会社単独で支配する他の会社（いわゆる孫会社）も含まれる（原則第3.1.3）。また，親会社と連結される子会社のことを連結会社という。

持株基準とは，他の会社の議決権株式の過半数を実質的に所有しているときには連結子会社となるという形式面での判定基準である（原則第3.1.2.(1)，注解4）。支配力基準とは，持株基準に該当しない場合でも，当該会社の意思決定機関を支配している一定の事実が存在している場合には連結子会社となるという実質面での判定基準である（原則第3.1.2.(2)，注解5）。

なお，支配が一時的であると認められる子会社や重要性の乏しい小規模子会社などは連結子会社から除外される（連結原則第3.1.4，注解6，基準注解3）。連結子会社から除外された子会社を非連結子会社という。

(3) 連結会社の連結決算日および会計処理の原則と手続

連結財務諸表の作成に関する連結決算日は，原則として，年1回，親会社の会計期間とする（原則第3.2.1，基準15）。子会社との決算日との差異が3ヵ月を超えるときには，仮決算などを行って連結する（注解7，基準注解4）。また，親・子会社の採用する会計処理の原則や手続は，原則として統一する（原則第3.3，基準注解17）。

6. 連結貸借対照表の作成

連結貸借対照表は，企業集団の財政状態を把握するためのものである。その

作成は、原則第4「連結貸借対照表の作成基準」および基準「連結貸借対照表の作成方法」において規定されている。

(1) 連結貸借対照表作成の基本原則

連結貸借対照表は、まず、親会社と子会社の個別財務諸表を基礎として単純に合算して作成すること、引き続き子会社の資産および負債の評価、連結会社相互間の投資と純資産（資本）および債権と債務の相殺消去などを行って作成する（原則第4.1、基準18）。

(2) 連結貸借対照表作成の手順

連結貸借対照表は、次の手順で作成される。

① 子会社の資産と負債の評価
② 投資勘定と純資産（資本）勘定の相殺消去
③ 少数株主持分の算出
④ 連結会社間の債権・債務の相殺消去
⑤ 未実現損益の消去
⑥ 非連結子会社と関連会社に対する「持分法」の適用
⑦ 子会社の株式の追加取得と一部売却等
⑧ 上記①と⑤に対する税効果会計の適用など

1) 子会社の資産と負債の評価

連結貸借対照表の作成に当たっては、「原則」では支配獲得日に子会社の資産および負債を、部分時価評価法と全面時価評価法のいずれかの方法で評価する（原則第4.2.1）ことになっていたが、「基準」では全面時価評価法のみを採用することになり（基準20）、「原則」での部分時価評価法の採用は認められなくなった。全面時価評価法とは、子会社の資産と負債のすべてを支配獲得日の時価により評価する方法である。

これらの時価評価法により、原価との差額は評価差額として子会社の純資産（資本）となる（原則第4.2.2、基準21）。この評価差額は、次の投資勘定と純資産（資本）勘定の相殺消去の過程で相殺消去される。

2) 投資勘定と純資産(資本)勘定の相殺消去

親会社の子会社投資とこれに対応する子会社の純資産(資本)は,相殺消去する(原則第4.3.1,基準23)。その相殺消去の際の差額は,投資額より純資産(資本)が多いときは,無形固定資産としてののれんとして,また投資額より純資産(資本)が少ないときは,「原則」では固定負債としてののれんで処理していたが,「基準」では,「負ののれん発生益」として,損益計算書の特別利益として処理することになった(基準24)。

こののれんは,原則として20年以内に定額法等の方法で販売費及び一般管理費か営業外収益としてののれん償却を用いて償却する。ただし,のれんに重要性が乏しい場合には,当期の損益として処理することができる(原則第4.3.2,注解21.1・23.3)。

3) 少数株主持分

少数株主とは,子会社株主の中で親会社以外の株主のことである。少数株主持分とは,子会社の純資産(資本)のうち親会社に帰属しない部分のことをいう(原則第4.4.1,基準26,27)。親会社が子会社の全株式を所有したときには存在しない。

少数株主持分の記載方法には,負債の部,純資産の部または負債と純資産の部の間に記載する3つの方法がある。現行連結規則や計算規則では純資産の部に記載する方法を採用している。

4) 債権債務の相殺消去

連結会社間に債権債務があるときには,企業集団からみれば内部取引であり,これを相殺消去しなければならない(原則第4.6,基準31)。債権債務の相殺消去例には,①受取手形や売掛金と支払手形や買掛金,②前受・未収収益と前払・未払費用,③貸付金と借入金,④有価証券と社債などがある。

なお,相殺消去された受取手形や売掛金に設定された貸倒引当金(それに伴う貸倒引当金繰入額)の減額修正や親・子会社の一方で振出した手形を他方で割引した場合に減少処理した受取手形は借入金へいったん振替し,その借入金

と支払手形との相殺消去などが必要となる（注解16，基準注解10）。

　5）未実現損益の消去

　連結会社間取引で棚卸資産の売買や固定資産の売買などにより生ずる未実現利益などは後述の「(7) 連結損益計算書の作成」で論ずる。

　6）非連結子会社と関連会社に対する「持分法」の適用

　持分法は，連結から除外された子会社である非連結会社と関連会社に対する投資に対して採用される評価方法であり，投資会社が被投資会社の純資産および損益のうち投資会社に帰属する部分の変動に応じて，その投資の額を各期ごとに修正する方法である（原則第4.8.1）。つまり資産負債の合算は行わず，純資産と純損益は連結を行った場合と同様な結果が得られる。連結会社の通常の連結方法を完全連結または全部連結というのに対し，持分法での連結を部分連結または一行連結ともいう。

　関連会社とは，子会社以外の他の会社で，親会社および子会社が，その他の会社の出資，人事，資金，技術，取引等の関係を通じて，その会社の財務および営業の方針に重要な影響を与えることができる会社のことである（原則第4.8.2）。関連会社の判定基準には，形式基準としての持株基準と実質基準としての影響力基準とがある。連結原則，現行連結規則および計算規則では影響力基準を採用している。

　持株基準とは，子会社以外の他の会社の議決権の20％以上を実質的に所有している場合には関連会社とする基準である。影響力基準とは，他の会社に対する議決権の所有割合が20％未満でも一定の議決権があり，その会社の財務および営業の方針に重要な影響を及ぼす一定の事実がある場合には関連会社とする基準である（注解20）。

　なお，持分法の適用により，被投資会社の資産負債の時価評価など，原則として連結子会社と同様な処理を行うが，重要性が乏しい場合には持分法の処理を行わないことができ（注解17），さらに連結財務諸表に重要な影響を与えない被投資会社は持分法の適用範囲から除外できる（注解18）。

持分法による会計処理は，被投資会社の資産負債を時価評価する（ただし仕訳は行わない）。その被投資会社の時価評価後の純資産（資本）と投資（投資有価証券や子会社株式など）との差額は，のれんとして処理しないで投資勘定の中に含めたままで処理し，連結決算日に，その償却を行い，その償却額は投資を増減すると共に持分法による投資損益として連結損益計算書に記載する。

7) 子会社の株式の追加取得と一部売却等

子会社の株式取得には，子会社の株式を1回で一括して過半数を取得し，その会社の支配を獲得する一括取得と，その株式を数回にわたり取得し，その会社の支配を支配する段階取得とがある。

段階取得による子会社株式の追加取得は，子会社の少数株主持分を親会社持分に振替えることになるが，その会計処理には一括法と段階法があり，連結原則ではいずれも認めている。

一括法とは，支配獲得日（親会社が子会社を支配した日）に一括して株式を取得したものとみなし，支配獲得日における子会社の純資産のうち親会社に該当する部分を子会社株式と相殺消去する方法で，実務的で簡便的な方法である。段階法とは，株式取得日ごとに，段階的に取得日におけるその投資と子会社の純資産（資本）を相殺消去する方法で，原則的で理論的な方法である。

親会社が子会社の支配権を獲得した後に，さらに子会社株式を追加取得した場合には，それに見合う持分を少数株主持分から控除し，親会社持分に追加する。その追加した親会社持分と追加取得した株式の取得原価を相殺消去する。その両者との差額はのれんで処理する（原則第4.5.1，基準28）。

子会社株式を一部売却した場合で，その後も支配関係が継続しているときには，売却した株式に対応する持分を親会社の持分から減額し，少数株主持分を増額する。売却による親会社の持分減少額と投資の減少額との間に生じた差額は，子会社株式の売却損益の修正処理を行い，売却に伴うのれんの償却額についても同様な処理を行う（原則第4.5.2，基準29）。

8) 税効果会計の適用

連結会計で，税効果会計の適用例としては，連結子会社や持分法適用会社の資産や負債の評価替により計算される資産としての繰延税金資産や負債としての繰延税金負債がある（原則第4.7，注解15・16）。なお，税効果会計については，第14章「税効果会計論」で詳述しているので参照されたい。

7. 連結損益計算書の作成

連結損益計算書は，集団企業の経営成績を把握するために作成される。その作成方法は，原則第5「連結損益計算書の作成基準」または基準「連結損益計算書の作成基準」において規定されている。

(1) 連結損益計算書作成の基本原則

連結損益計算書は，まず，親会社と子会社の個別財務諸表を基礎として単純に合算して作成し，引き続き，連結相互間の取引高の相殺消去等の処理を行って作成する（原則第5.1，基準34）。

(2) 連結損益計算書作成の手順

連結損益計算書は，次の手順で作成される。

① 子会社の当期純利益（少数株主持分の相当分）の振替
② のれんまたは連結調整勘定の当期償却分の計上
③ 内部取引（損益項目）の相殺消去
④ 未実現利益の消去

1) 子会社の当期純利益（少数株主持分の相当分）の振替

連結損益計算書は，個別損益計算書を単純合算するので，子会社の当期純利益は，すべていったん親会社のものとするが，その後，少数株主持分に該当する分を少数株主持分に加算すると共に，少数株主損益として処理し，連結損益計算書に記載する。

2) のれん償却

のれんとは親会社の投資と連結子会社の純資産（資本）の相殺消去の際に，その差額として計上するもので，これは原則として20年以内に，定額法等で償却する（原則第4.3.2）。この償却額がのれん償却であり，連結損益計算書の販売費及び一般管理費として記載する。

3) 内部取引高の相殺消去

内部取引とは，連結会社相互間における商品の売買その他の取引に係る項目であり，その内部取引は相殺消去する（原則第5.2，基準35）。また，連結会社相互間取引で，その取引が連結会社以外の取引を通じて行われていても，実質的に連結会社相互間取引であることが明確であるときでも，みなし連結会社相互間取引として相殺消去する（注解22，基準注解12）。

内部取引高の相殺消去の例としては，①内部仕入と内部売上，②支払利息・支払家賃などと受取利息・受取家賃などの損益取引，③配当金と受取配当金，などがある。なお，その他に，債権債務の相殺消去から付随的に発生する貸倒引当金と貸倒引当金繰入などがある。

4) 未実現損益の消去

未実現損益とは，連結会社相互間の取引によって，一定の利益を加算して取得した棚卸資産，固定資産その他の資産が，期末現在在庫または保有されている場合のその損益のことである。この損益は内部取引であるから損益はなんら発生していないので未実現利益となる。この未実現利益は連結損益計算上消去する（原則第5.3.1，基準36）。

この未実現損益が生ずる取引には，①親会社が子会社に商品や固定資産を販売する場合のダウン・ストリーム，②子会社が親会社に商品や固定資産を販売する場合のアップ・ストリームなどがある。

ダウン・ストリームによる未実現損益については，いったん全額消去し，その全額を親会社の持分のみ負担させる方法で，これを全額消去・親会社負担法という。アップ・ストリームによるそれは，その未実現損益をいったん全額消

去し，その金額を親会社と少数株主持分との持分比率により負担させる方法で，これを全額消去・持分按分法という（原則第5・3・3，基準38）。

5) 持分法による投資損益

これは，上述のように非連結子会社や関連会社に対する投資に持分法を適用した場合に，毎期被投資会社の純損益や損益の状況により投資額の修正に使用する勘定であり，連結損益計算では，営業外損益の部に表示される。

6) 少数株主持分損益

これは，上述のように少数株主に生じた損益を処理するための勘定である。連結原則では，親会社説を採用しており，まず，連結損益計算書で記載される当期純利益は，親会社の株主のものと考え，次に，少数株主持分損益を，その純利益から加減して処理する。

8. 連結株主資本等変動計算書の作成

連結規則と計算規則では，連結剰余金計算書の代わりに連結株主資本等変動計算書を作成することになっている（連結規則第4章70条以降，会社計算第4章127条以降，基準41）。連結原則による連結剰余金計算書の作成は事実上なくなった。

連結株主資本等変動計算書は，連結貸借対照表における純資産の部の内訳表であり，それには，①株主資本（資本金，資本剰余金，利益剰余金および自己株式），②評価・換算差額等，③新株予約権，④少数株主持分，および⑤純資産合計の内訳（期首残高，期中増減額および期末残高）を記載したものである。

9. 注記事項と連結注記表および連結付属明細表の作成

連結財務諸表の注記には，連結の範囲等，決算日の差異，重要な会計処理の

原則および手続等およびその他重要な事項などがある（原則第7，基準43）。計算規則では，注記事項は連結注記表にまとめて記載することになっている（129条）。

連結附属明細表については連結規則において社債明細表と借入金明細表を作成することになっている（92条）。

10. 連結キャッシュ・フロー計算書の作成

キャッシュ・フロー計算書の作成方法については，第10章「キャッシュ・フロー会計論」で論述しているので，参照していただきたい。なお，本節では，連結キャッシュ・フロー計算書独自の問題点だけに触れている。

(1) 連結キャッシュ・フロー計算書の作成方法

連結キャッシュ・フロー計算書の作成方法には，次の2つの方法がある。

① 親会社と子会社の個別財務諸表から会社ごとの個別キャッシュ・フロー計算書を作成し，その個別のキャッシュ・フロー計算書を連結することで連結キャッシュ・フロー計算書を作成する方法で，原則法といわれる。この方法は，連結会社が個別キャッシュ・フロー計算書を作成している場合に採用される。

この方法による営業活動よりのキャッシュ・フローの表示方法としては，直接法と間接法いずれでも可能となる。

② 個別キャッシュ・フロー計算書を作成することなく連結損益計算書と比較連結貸借対照表から連結キャッシュ・フロー計算書を作成する方法で，簡便法といわれる。この方法は，連結子会社がキャッシュ・フロー計算書を作成していない場合に採用される。

この方法による営業活動よりのキャッシュ・フローの表示方法は，簡便法という性格を有していることから，当然，簡便法として間接法を採用することになる。

（2） 連結会社相互間のキャッシュ・フローの相殺消去

連結キャッシュ・フロー計算書の作成に当たっては，連結相互間のキャッシュ・フローは相殺消去する。この相殺消去は，原則法と簡便法のいずれを採用するかで異なる。原則法では，連結会社がそれぞれ個別キャッシュ・フロー計算書を作成し，それを合算した後，すべての連結相互間の取引を相殺消去する。

連結貸借対照表や連結損益計算書をもとに連結キャッシュ・フロー計算書を作成する簡便法では，その連結貸借対照表や連結損益計算書の作成時点で連結相互間の取引を相殺消去しているので，その相殺消去は不要となる。

たとえば，親会社から子会社に利益加算して固定資産を売却しているときには，その売却益は未実現利益として連結損益計算書から消去され，連結貸借対照表上の固定資産も売買前の状態になっているので問題はない。しかし，親会社の帳簿では，固定資産の減少，子会社のそれでは固定資産の増加として記録がそのまま残っており，キャッシュ・フロー計算書では，固定資産の増加または固定資産の減少と表示されるので，その表示をなくすために相殺消去が必要となる。

（3） 少数株主との取引

親会社に対する連結子会社の配当金と親会社の計上した受取配当金は，連結相互間の取引として相殺消去されるので，連結キャッシュ・フロー計算書には記載されない。しかし，連結子会社の配当金のうち少数株主持分に対して支払われた配当金については，外部取引となるために，親会社が行った配当金と区別して財務活動よりのキャッシュ・フローの区分で「少数株主への配当金支払額」として独立した科目を使用して処理する。

（4） 連結追加と連結除外における連結キャッシュ・フロー計算書

新規の連結子会社（当期において新たに子会社になる株式を取得または追加取得したときなど）については，連結の範囲を含めた時点以降のキャッシュ・フローを，連結除外会社（当期において連結子会社であった株式を売却したと

きなど）については，連結除外時点までのキャッシュ・フローを連結キャッシュ・フロー計算書に含める。

(5) **在外子会社の外貨によるキャッシュ・フローの換算**

在外子会社の外貨によるキャッシュ・フローは，「外貨建取引等会計処理基準」における収益・費用の換算方法に準じて換算する。これについては，第13章「外貨換算会計論」を参照のこと。

第12章 財務諸表分析論

1. 財務諸表分析の意義

　財務諸表分析は，経営分析や財務分析ともよばれ，当初，アメリカにおいて発展してきたものである。また，これは個別企業を対象にした個別財務諸表や企業グループを対象とした連結財務諸表で示されている会計情報を基に，収益性，活動性，安全性，キャッシュ・フロー，生産性および成長性の観点で分析・比較することである。そのことにより個別企業や企業グループとしての総合的な経営状態の良否・適否を観察し，その原因を明らかにすることで企業内外の財務諸表利用者の意思決定に役立たせることである。

2. 財務諸表分析のための基礎知識

　財務諸表分析の基礎知識として，その分析のための計算方法と分析計算結果の評価方法を明らかにする。

(1) 財務諸表分析のための計算方法

　財務諸表分析のための方法には，実数分析法と比率分析法がある。

　実数分析法とは，財務諸表の数値をそのまま，つまり実数のまま利用して分析するものである。この方法には，利益増減分析や資金運用表分析などのように，2期間における特定の財務諸表項目の数値を増減することにより分析する増減分析法がある。なお，これに準ずるものには，損益分岐点分析のように一定期間の収益と費用とが一致し，利益も損失もない操業度（売上高）である損

益分岐点を利用して収益・費用・純損益との3者との関係をみる分析方法もある。

比率分析法とは，2つの実数を加工して求める割合（％）や回数の数値を利用して分析する方法である。これには，構成比率法，関係比率法，趨勢比率法がある。

構成比率法とは，百分率（比）貸借対照表，百分率（比）損益計算書，百分率（比）キャッシュ・フロー計算書のように，資産合計，負債及び純資産（資本）合計，売上高および営業活動キャッシュ・フローの数値を100％として，それぞれの構成項目の数値を割合（％）で求めて，それらを一覧表にしたものであり，財務諸表の全体を概観で観察するのに役立つ。

関係比率法とは，財務諸表の関係2項目間の実数関係を割合（％または回数）を求める方法である。これは，財務諸表分析に用いられるほとんどの指標の測定に使用される。

趨勢比率法とは，数期間の実数の趨勢を割合で求めたもので，長期間にわたる趨勢を観察するための方法である。この方法には，特定期間の実数を100％の基準値として，長期的趨勢を観察する固定基準法と，常に前会計期間の実数を基準値100％とする対前期間の伸び率を観察する移動基準法とがある。

(2) **分析計算結果に対する評価方法**

分析結果の評価法とは，上述の実数分析や比率分析による計算結果により，それ自体で良否または適否を判断できるものもあるが，ほとんどの場合には計算結果を比較する方法で良否または適否を判断する。その方法には企業間比較法，期間比較法，標準値比較法および基準値比較法がある。

企業間比較法とは，自企業の分析の計算結果を他企業のそれと企業間比較することで，その大小で良否・適否を判断する方法である。

期間比較法とは，自企業の分析のための計算結果を前期と今期で期間比較することで，その増減により良否・適否を判断する方法である。

標準値比較法とは，自企業の分析のための計算結果を，公的や民間の各種団

体で公表される業界平均値と比較して，その上下により良否・適否を判断する方法である。

公表の業界平均値としては，大企業の場合には通商産業省政策局編『わが国企業の経営分析』，三菱総合研究所編『企業経営の分析』，日本経済新聞社編『日経経営指標』などがある。中小企業でのそれには，中小企業庁編『中小企業の経営指標』・『中小企業の原価指標』，総理府統計局編『個人企業経済調査速報・季報・年報』，TKC全国会計システム委員会編『TKC経営指標』などがある。

基準値比較法とは，自企業の分析のための計算結果を，予算を基に見積財務諸表などで計算された基準分析値と比較することで，その上下関係により良否・適否を判断する方法である。

3. 財務諸表分析の進め方

財務諸表分析の進め方は，①財務諸表分析のため資料の収集，②企業の全体像の把握，③分析目的別の分析値の算定とその良否・適否の判断方法，および④分析結果の総合評価の順序で行われる。

4. 第1段階：財務諸表分析のための資料収集

財務諸表分析の第1段階は，財務諸表分析のための資料収集である。

財務諸表分析のための資料としては公表財務諸表がある。それは，証券取引所へ上場している企業の場合には，「有価証券報告書総覧」として市販されているほかに，インターネットにより金融庁のホームページのEDINETから無料で公開されている。この財務諸表は，財務諸表等規則および連結財務諸表規則において作成されている。

一般企業（上場企業を含む）に対する財務諸表には，株主総会用の「事業報

告書」があるが，それ以外に株主総会後，遅滞なく官報，日刊新聞紙および電子公告によりその要旨が決算公告として公表されている（なお，金融庁のEDINETを利用・公表している会社の公告は不要となる。この場合の財務諸表は，会社法や会社計算規則により作成されている）。

5. 第2段階：企業の全体像の把握

　財務諸表分析の第2段階は，要約百分率（比）財務諸表の作成による概観による全体観察を行うことである。そのためには，まず，財務諸表の数値を必要最低限に要約した要約貸借対照表，要約損益計算書および要約キャッシュ・フロー計算書などの要約財務諸表を作成すること，次に，これらの要約財務諸表に構成比率法を使用した百分率（比）貸借対照表，百分率（比）損益計算書および百分率（比）キャッシュ・フロー計算書など百分率（比）財務諸表を作成する。結果として，要約百分率（比）財務諸表が作成されるので，財務諸表の全体像の概略が理解できる。また，同時に2期間以上を対象とすると期間比較（趨勢比較）も可能となる。

6. 第3段階：各種分析目的のための指標算定

　財務諸表分析の第3段階は，収益性，活動性，安全性，キャッシュ・フロー，生産性および成長性における分析のための指標の算定を行うことである。この指標をもとに，経営状態の良否や適否の判断のための資料作りをする。

(1) 収益性分析

1) 収益性分析の意義

　収益性分析とは，企業の収益獲得能力の分析である。この能力が大きいほど，収益性は大と判断する。収益性の指標としては，通常，利益額が利用されるが，利益額だけではなく，その利益額を獲得するために投下した資金，つま

り投下資本との関係をみた資本利益率を使用し，この比率が高いほど収益性が大と判断する。

資本利益率は，以下の式のように利幅（マージン）の大きさを示す売上高利益率と資本効率を示す資本回転率とに分解される。したがって，資本利益率の良否の原因は，売上高利益率の良否と資本回転率の良否とに関係してくる。なお，資本回転率は，次の活動性分析において扱うことにする。

$$\frac{利益}{資本} = \frac{利益}{売上高} \times \frac{売上高}{資本}$$
（資本利益率）　　（売上高利益率）　　（資本回転率）

2) 資本利益率の分析

資本利益率は，利益を資本で割って割合（％）を求めたもので，この値が大きいほど，収益性が大と判断される。分母の資本には，総資本，自己資本，および資本金など，分子の利益には売上総利益，営業利益，経常利益および当期純利益など，それぞれ何を使用するかにより種々の各種資本利益率がある。なお，分母の資本には，通常，資本平均有高，つまり（期首資本＋期末資本）÷2で計算したものを用いる。

$$資本利益率 = \frac{各種利益額}{各種資本平均有高} \times 100$$

① 総資本利益率

これは，総資産利益率ともいわれ，総資本（貸借対照表の貸方または借方合計）を投入したことにより稼得された利益の大きさの割合（％）であり，総資本の収益獲得能力の大小を判断する。この利益率は，分子に使用される利益額の違いにより，総資本売上総利益率，総資本営業利益率，総資本経常利益率，総資本当期純利益率などがある。

② 自己資本利益率

これは，一般に，株主資本利益率ともいわれ，自己資本—純資産（資本）の部—を投入したことにより稼得された利益の大きさの割合（％）であり，自己

資本の収益獲得能力の大小を判断する。この利益率には，分子に使用される利益額の違いにより，自己資本営業利益率，自己資本経常利益率，自己資本当期純利益率などがある。

なお，自己資本利益率は，株主資本利益率といわれるように，投資企業に対する企業評価として使用する重要な指標の１つとなっている。

③　資本金利益率

これは，投下した資本金に対する利益の大きさにより資本金の収益獲得能力を表している。この利益率は，資本金１円当たりの利益額でもある。

3）売上高利益率の分析

売上高利益率は，売上高に対する各種利益（マージン）の割合であり，この比率が高いほど収益性が高いことになり，ひいては資本利益率を高めることになる。この比率には，分子に使用する利益の違いにより，売上高売上総利益率，売上高営業利益率，売上高経常利益率および売上高当期純利益率などがある。なお，これらの良否の原因分析では，それぞれの利益の構成要素である費用の内容を検討する必要がある。

$$売上高利益率 = \frac{各種利益額}{売上高} \times 100$$

①　売上高売上総利益率…これは，売上高総利益率，売上総益率，粗利益率ともいわれ，商品製品自体の利幅（マージン）の大きさを示し，製造・販売活動からの収益性の良否を判断することができる。

②　売上高営業利益率…これは，営業利益率ともいわれ，営業全般活動（製造活動，販売活動および一般管理活動）から収益性の良否を判断するためのものである。

③　売上高経常利益率…これは，経常利益率ともいわれ，経常損益活動（製造，販売および財務の全活動）の成果からみた収益性の良否を判断するためのものである。

④　売上高当期純利益率…これは，当期純利益率ともいわれ，純損益活動

(経常的活動と臨時損益活動）の成果とその成果に対する法人税等からみた収益性の良否を判断するためのものである。

(2) 活動性分析

1) 活動性分析の意義

活動性の分析は，投下資本の活動性または効率性の分析であり，この回数が大きいほど投下資本の効率性が高く，活動性が高いと判断される。また，この資本回転率が高いほど，売上高利益率が一定とすれば，資本利益率を高めることになる。なお，活動性分析には，資本の調達源泉からみた資本回転率（狭義）と，資本の運用形態からみた資産回転率とがある。

資本回転率（狭義）または資産回転率は，売上高を各種資本または各種資産の平均有高で除して回数を求める。したがって，この回数が大きいほど資本や資産の効率性が高く，収益性を高めることになる。

$$資本回転率 = \frac{売上高}{各種資本平均有高}（回） \qquad 資産回転率 = \frac{売上高}{各種資産平均有高}（回）$$

2) 資本回転率（狭義）の分析

資本回転率（狭義）は，資本の調達源泉からみた資本効率を回数で良否を分析するためのものである。この回転率には，計算式の分母の資本に何を使用するかにより，次のような資本回転率がある。

① 総資本回転率…これは，計算式の分母に総資本平均有高を使用し，総資本の効率性や活動性を判断するためのものである。

② 自己資本回転率…これは，計算式の分母に自己資本平均有高を使用し，自己資本の効率性や活動性を判断するためのものである。

③ 他人資本回転率…これは，計算式の分母に他人資本平均有高を使用し，他人資本の効率性や活動性を判断するためのもので，計算式の分母に他人資本を用いて計算する。なお，他人資本の構成要素である支払手形と買掛金との合計を用いた買入債務回転率または支払手形回転率や買掛金回転率を求めることもあり，この回数が高いと，買入債務または支払手形や買掛金などの支払がス

ムーズに行われていることを示している。

3) 資産回転率の分析

資産回転率は，資本の運用形態からみた資産効率を回数で良否を分析するためのものである。この回転率には，計算式の分母の資産に何を使用するかにより，次のような資産回転率がある。

① 売上債権回転率…これは，受取勘定回転率ともいわれ，受取手形と売掛金の合計である売上債権の回収状況の分析に使用される。この回数が高いと，売上債権の回収がスムーズに行われていることを意味している。この回転率の良否の分析には，受取手形回転率や売掛金回転率をみる。なお，この比率の逆数は，売上債権の発生から回収までの回収期間を表す売上債権回転期間となる。

② 棚卸資産回転率…これは，棚卸資産の在庫管理の分析に使用される。この計算には，通常，分子に売上高ではなく売上原価を用いて計算する。この回数が高いと，棚卸資産の購入から消費（販売）までがスムーズに行われ，収益性の向上に貢献していることを示している。したがって，これが低いと過剰在庫となっていることを示している。なお，この良否の分析には，棚卸資産の構成科目の原材料・仕掛品・商品・製品などの各回転率をみる。なお，この回転率の逆数は，棚卸資産の購入から消費または販売までの在庫期間を示している。

③ 固定資産回転率…これは，効率的な固定資産の稼動の分析に使用される。この回数が高いと，遊休設備や未稼働資産がなく，固定資産の稼動がスムーズに行われ，収益性の向上に貢献していることを示している。なお，有形固定資産回転率も求めることが必要となる。

(3) 安全性分析

1) 安全性分析の意義

安全性分析とは，債務支払能力の分析，つまり財務安全性のことをいう。これは，貸借対照表の分析であり，資産構成からみた資産安全性の分析，資本構

成からみた資本安全性の分析および資産項目・資本項目相互間からみた資産・資本均衡の分析とがある。

2) 資産安全性の分析

これは，貸借対照表の資産構成の分析であり，各資産項目を総資産で除して各資産構成比率である割合（％）を求める。この分析では資産の流動性の高いもの，つまり現金預金に近いものを多く持っていることが安全と判断する。しかし，現金預金の構成比率が異常に高いときには，他の資産に投資することによる収益性の稼得の機会が失われている場合があるので注意を要する。

$$資産構成比率 = \frac{各種資産項目}{総資産} \times 100$$

3) 資本安全性の分析

これは，返済必要な他人資本と返済不要な自己資本からなる資本構成の分析であり，各資本項目を総資本で除して各資本構成比率である割合（％）を求める。この分析では返済必要な他人資本より返済不要の自己資本が多いこと，さらには返済必要な他人資本でも長期間返済不要な固定負債が多いことなどを観察する。ここで使用される指標とその計算式は次の通り。

$$自己資本構成比率 = \frac{自己資本}{総資本} \times 100 \qquad 負債比率 = \frac{自己資本}{他人資本} \times 100$$

$$長期資本構成比率 = \frac{長期資本}{総資本} \times 100$$

自己資本（構成）比率は50％以上，負債比率は100％以上であれば絶対安全であり，これらの比率が低くても，長期資本構成比率が50％あればやや安全であるといわれる。

4) 資産・資本安全性の分析

これは，貸借対照表借方の資産と貸方の資本との相互関係の分析であり，両者に均衡が取れているかにより安全性の良否・適否を分析するものである。これには，次のように短期均衡分析として流動比率や当座比率があり，長期均衡

分析として固定比率,固定長期安全率がある。

$$流動比率 = \frac{流動資産}{流動負債} \times 100 \qquad 当座比率 = \frac{当座資産}{流動負債} \times 100$$

$$固定比率 = \frac{自己資本}{固定資産} \times 100 \qquad 固定長期適合率 = \frac{長期資本}{固定資産} \times 100$$

流動比率は,2対1の原則ともいわれ,200％以上が絶対安全とされる。当座比率は,酸性試験比率ともいわれ,100％以上が絶対安全とされる。また,固定比率は100％以上であれば絶対安全とされ,仮にこの比率が低くても,固定長期適合率が100％以上であればやや安全とされる。

(4) キャッシュ・フロー分析

キャッシュ・フロー（以下CFと略す）分析とは,個別またはグループの企業資金収支の分析であり,CF計算書に記載された一定期間の3つの営業活動,投資活動および財務活動別におけるCF状況の良否の分析である。

CF分析の第1段階は,3つの活動別の実数分析を行い,その相互関係を観察することである。

① 営業活動CF分析…営業活動CFとは,主たる商品製品に関する仕入・製造・販売活動に関する収支差額のことで,企業独自の活動から生み出された資金創出能力の大きさを示し,プラスであることが必要である。

② 投資活動CF分析…投資活動CFとは,将来の利益獲得目的で①営業CFを設備投資・証券投資・融資を行ったときの収支差額であり,企業が成長しているときには,通常マイナスになることが多い。したがって,このマイナスの投資活動CFを賄うためだけの営業活動CFが必要となる。

③ 財務活動CF分析…財務活動CFとは,営業活動CFや投資活動CFとの過不足差額の調整のためのものである。マイナスの過不足差額の場合には,企業存続のためにあらたに資金調達をするのでプラスの財務活動CFとなることが多く,逆にプラスの過不足差額の場合には,資金返済を優先させ,マイナスの財務活動CFとなることが多い。

CF分析の第2段階は、収益性分析や安全性分析を補完するためのCF比率を求めることである。

① 収益性分析の補完のためのCF比率…これには次のような利益（または売上高）とCFとの関係比率がある。

$$\text{CFマージン} = \frac{\text{営業CF}}{\text{売上高}} \times 100 \qquad \text{営業CF比率対当期純利益} = \frac{\text{営業CF}}{\text{当期純利益}} \times 100$$

CFマージンは、本業の売上高と本業の営業CFとの関係で、この比率が大きいほど収益性を大とさせる。営業CF対当期純利益比率では、営業CFの構成要素の重要な1つである当期純利益がどの程度あるかであり、この比率は大きいほど収益性を大と判断される。

② 安全性分析の補完のためのCF比率…これはCFとの関係で負債返済能力を判断するためのものであり、これには次のような比率がある。

$$\text{CF比率} = \frac{\text{営業CF}}{\text{流動負債}} \times 100 \qquad \text{営業CF対負債比率} = \frac{\text{営業CF}}{\text{負債}} \times 100$$

CF比率は、短期的な債務返済能力をみるものであり、また、営業CF対負債比率は、営業CFからどれほどの負債の返済能力があるかを判断するもので、いずれも、これらの比率が大きいほど安全性は大と判断される。

(5) 生産性分析

1) 生産性分析の意義

生産性分析とは、一定期間に資本・労働などの生産諸要素を投入して、どの程度の生産物の産出が効率的に行われているかどうかの分析である。

この生産性は、産出を投入で除してその割合を求めるが、分母となる投入される生産要素の違いにより、それが労働力の場合には労働生産性といい、生産設備など資本の場合には資本生産性という。前者の労働力には、従業員、作業時間や人件費などを、後者の資本には、固定資産額や機械運転時間を使用する。これに対して、分子の産出には簡便法では生産量や生産高、売上高などを用いるが、厳密には次の付価価値を用いる。

2) 付加価値

付加価値とは，企業が新たに付加した生産物の価値のことであり，または企業が生産した生産物の総価値額（一般には売上高）から，その生産のために他企業から購入した生産物の消費額を控除した純生産額をいう。その算定方法には，減算（控除）法と加算（集計）法とがある。一般には算定容易な加算法が用いられる。

> 減算法による付加価値＝生産高（売上高）−（材料費＋外注加工費＋物品購入費＋購入用役費）

> 加算法による付加価値＝利益＋人件費＋金融費用＋賃借料＋租税公課＋減価償却費

3) 労働生産性と資本生産性の分析

労働生産性の分析には，付加価値や売上高を平均従業員数で除して従業員1人当たり付加価値や従業員1人当たり売上高をいい，この比率が大きいほど生産性は大と判断される。

$$\text{従業員1人当たり付加価値} = \frac{\text{付加価値}}{\text{平均従業員数}} \qquad \text{従業員1人当たり付加価値} = \frac{\text{売上高}}{\text{平均従業員数}}$$

資本生産性の分析には，付加価値を平均総資本や平均固定資産有高で除して総資本投資効率や設備投資効率などがあり，この比率が大きいほど生産性は大と判断される。

$$\text{総資本投資効率} = \frac{\text{付加価値}}{\text{平均総資本}} \qquad \text{設備投資効率} = \frac{\text{売上高}}{\text{平均固定資産}}$$

(6) 成長性分析

1) 成長性分析の意義

成長性の分析とは，企業の将来性を観察分析するためのものである。具体的には，成長性の指標としては売上高，各種利益，各種資産，従業員および付加価値などがある。成長性の分析では，それらの増加率を計算し，その増加率が大きいほど成長性が大きいと判断する。これには短期的成長性の分析と長期的

成長性の分析とがある。

2) 短期成長性と長期成長性の分析

短期成長性の分析とは，成長性の各種指標を前期と今期の実数の2期間比較であり，各種増加（または成長）率の大小を求める。

$$\text{各種増加（または成長）率} = \frac{\text{当期実数} - \text{前期実数}}{\text{前期実数}} \times 100$$

長期成長性の分析では，成長性の各種指標を過去3年以上5年程度にわたる会計期間の実数の趨勢比率を求め趨勢分析を行う。このことにより長期的な成長性の傾向が判断できる。これには固定基準法（基準年度の実数を100％として，その後の年度の実数との割合を求める方法）と移動基準法（常に前年度の実数を100％として当年度の実数との割合を求める方法）がある。

7. 最終段階：分析結果の総合判断

財務諸表分析の最終段階は，分析結果の総合判断をすることである。つまり，上述の分析の第3段階で，種々の指標ごとに良否・適否を観察したものを，企業全体としての良否・適否を判断するための総合評価である。

総合評価の方法として，①各種指標の比率を指数化（または点数化）したものを用いてその合計で評価する指数法，②各種指標の数値を円グラフ上に「クモの巣」のように記入して，視覚に訴えるレーダー・チャート法などがある。

第3部
特殊な企業会計原理

第13章 外貨換算会計論

1. 外貨換算の意義

外貨換算とは，外国の通貨で測定された財務諸表の項目を，自国通貨等の日本円に変更しなおす手続きをいう。

2. 外貨換算会計の経緯

企業の海外取引との国際化に伴って外貨による決済が行われることを予想して，1979年6月26日，企業会計審議会「外貨建取引等会計処理基準」が公表され，1995年5月26日「外貨建取引等会計処理基準の改訂について」（最終改正1999年10月22日）が公表された。

企業会計審議会は1968年5月以降1979年6月26日までに外貨建取引に係る会計処理の基準および外貨表示財務諸表項目に関する円換算の基準を「企業会計上の個別問題に関する意見」（以下「個別意見」という）の形で出している。個別意見には以下がある。

① 個別意見第一

「外国通貨の平価切下げに伴う会計処理に関する意見」（1968年5月2日）

② 個別意見第三

「外国為替相場の変動幅制限停止に伴う外貨建資産等の会計処理に関する意見」（1971年9月21日）

③　個別意見第四

「基準外国為替相場の変更に伴う外貨建資産等の会計処理に関する意見」(1971年12月24日)

④　個別意見第五

「現行通貨体制のもとにおける外貨建資産等の会計処理に関する意見」(1972年7月7日)

⑤　個別意見第六

「外国為替相場の変動幅制限停止中における外貨建資産等の会計処理に関する意見」(1973年3月29日)

3.　換算の方法

決算時の外貨換算に際していかなる為替相場を選択，適用すべきか。換算の方法には，次の4つの方法がある。

①　流動・非流動法

流動・非流動法とは，流動項目については決算時の為替相場，非流動項目については取得時または発生時の為替相場により換算する方法である。

②　貨幣・非貨幣法

貨幣・非貨幣法とは貨幣項目については決算時の為替相場，非貨幣項目については取得時または発生時の為替相場により換算する方法である。

③　テンポラル法

外貨における各項目について，外貨が時価で評価されているものについては決算時の為替相場，外貨が取得時で評価されているものについては取得時または発生時の為替相場により換算する方法である。

④　決算日レート法

財務諸表項目のすべて（本店勘定等一定のものを除く）について決算時の為替相場で換算する方法である。

4. 外貨建取引の処理基準

外貨建取引の発生日から決算日に至るまでの為替相場の変動による為替差異等の処理については次の２つの方法がある。

① 一取引基準

一取引基準とは外貨建取引とその決済取引とを１つの取引とみなして会計処理を行う方法である。

② 二取引基準

二取引基準とは外貨建取引とその決済取引とを２つの別の取引とみなして会計処理を行う方法である。

なお，外貨建取引等処理基準においては二取引基準を採用しており，為替差損益は営業外損益に表示する。

（例題）次の取引を一取引日基準と二取引日基準により仕訳を行う。

①２月１日：商品100ドルを掛けで仕入れた（１ドル120円）。

②３月31日：決算を迎えた（決算日１ドル110円）。

④４月30日：代金の決済をした（１ドル100円）。

【一取引基準】

① （仕　　入）12,000　　（買　掛　金）12,000
② （買　掛　金）1,000　　（仕　　入）1,000
③ （買　掛　金）11,000　（現　　金）10,000
　　　　　　　　　　　　（為替差損益）1,000

【二取引基準】

① （仕　　入）12,000　　（買　掛　金）12,000
② （買　掛　金）1,000　　（為替差損益）1,000
③ （買　掛　金）11,000　（現　　金）10,000
　　　　　　　　　　　　（為替差損益）1,000

5. 外貨建取引の範囲

　企業会計審議会（1979年6月26日，最終改正1999年10月22日）の「外貨建取引等会計処理基準注解」では外貨取引の範囲について具体的に例示している。
　① 取引価額が外国通貨で表示されている物品の売買又は役務の授受
　② 決済金額が外国通貨で表示されている資金の借入又は貸付
　③ 券面額が外国通貨で表示されている社債の発行
　④ 外国通貨による前渡金，仮払金の支払又は前受金，仮受金の受入
　⑤ 決済金額が外国通貨で表示されているデリバティブ取引等
　また，上記の取引の他に，国内の製造業者等が商社等を通じて輸出入取引を行う場合であっても，当該輸出入取引によって商社等に生じる為替差損益を製造業者が負担する等のため実質的に取引価額が外国通貨で表示されている取引と同等とみなされるものは，外貨建取引に該当する。

6. 外貨建取引の処理

(1) 外貨建取引
① 取引発生時の処理
　外貨建取引は，原則として，当該取引発生時の為替相場による円換算額をもって記録する（取引発生時の為替相場としては取引が発生した日における直物為替相場または合理的な基礎に基づいて算定された平均相場等をいう）。
② 決算時の処理
　外国通貨，外貨建金銭債権債務，外貨建有価証券及び外貨建デリバティブ取引等の金融商品については，決算時において原則として次の処理を行う。
　（イ）外国通貨…CR（closing rate：決算時の為替相場）・為替差損益

(ロ) 外貨建金銭債権債務（外貨預金を含む）…CR・為替差損益

(ハ) 外貨建有価証券

・満期保有目的債券…CR・為替差損益

・売買目的有価証券…CR・有価証券評価損益

・その他有価証券…CR・有価証券評価差額または有価証券評価損

・子会社株式・関連会社株式…HR（historical rate：取得時の為替相場）

・外貨建有価証券について時価の著しい下落または実質価額が著しく低下した場合…外国通貨による時価または実質価額をCRにより換算

(ニ) デリバティブ取引等…CR

(2) **在外支店の財務諸表項目の換算**

在外支店における外貨建取引については，本店と同様に処理する。ただし外国通貨で表示されている在外支店の財務諸表に基づき本支店合併財務諸表を作成する場合には，在外支店の財務諸表については次の方法によることができる。

① 収益費用の換算の特例

収益及び費用の換算については，AR（average rate：期中平均相場）によることができるが，収益性負債の収益化額（前期末前受金の当期売上計上など）及び費用性資産の費用化額（前期未棚卸資産の当期売上計など）は除外される。

② 棚卸資産に係る低価基準等

在外支店において外国通貨で表示されている棚卸資産について低価基準を適用する場合または時価の著しい下落により評価額の引き下げが求められた場合には，外国通貨による時価または実質価額を決算時の為替相場（CR）により円換算した額による。

③ 外貨表示財務諸表項目の換算の特例

在外支店の財務諸表項目の換算にあたり，非貨幣性項目の額に重要性がない場合には本店勘定等を除き，すべての貸借対照表項目及び損益計算書項目につ

いて決算時の為替相場（CR）により換算することができる。

　④　換算差額の処理

　本店と異なる方法によって生じた換算差額は，当期の為替差損益として処理する。在外支店の行った取引は国内の本店が行ったとみなして円換算するという考え方をとっている。

(3) 在外子会社等の財務諸表項目の換算

　連結財務諸表を作成するにあたって，在外子会社の財務諸表について，それが外貨で作成されている場合には次のような方法で換算される。外国にある子会社または関連会社の外貨で表示されている財務諸表項目の換算については，基本的には決算日レート（CR）法を採用する。子会社の資産および負債項目についてはCRで換算し，株式取得時の資本項目については，親会社による株式取得時の為替相場（HR）で換算し，株式取得後に生じた資本項目については，当該項目の発生時の為替相場（HR）で換算し，そこに生じる貸借差額を為替換算調整勘定として貸借対照表の資本の部に表示する（「外貨基準」，三，「計算規則」108条7項4号）。

7.　為替予約

　為替相場の変動による為替リスクを防止するために，決済時の円貨額を確定することをいう。なお，為替予約の方法には独立処理と振当処理があり，外貨建取引等会計処理基準では原則として独立処理を採用しているが，当分の間，振当処理によることができる。

第14章 税効果会計論

1. 税効果会計の意義

税効果会計とは，法人税の影響（効果）を損益計算書にできるだけ正しく反映できるような会計処理を行うことである。

法人税は企業の利益に対して課される国税であるが，損益計算書に示される純利益にそのまま法人税率を掛けて計算されるわけではない。なぜなら，法人税の課税対象である利益を「所得」というが，この所得と損益計算書で示される利益とは必ずしも一致しないのが普通だからである。特に，税法上の目的である課税の公平を確保するためや，政策上の理由から所得計算の特例などがあって，損益計算書上の利益に多くの修正が行われるからである。たとえば，交際費等の損金不算入，過大役員給与の損金不算入，受取配当の益金不算入などの規定がそれである。

法人税を企業が負担し支払うことは，企業にとっては収益を得るための価値犠牲であるから，法人税は費用といえる。したがって，法人税を期間収益に対応させ，正しく期間配分する必要があり，この手続きが税効果会計なのである。

2. 税効果会計の歴史

税効果会計はアメリカなどの欧米諸国ではかなり以前から基準化され，会計慣行として定着していた。アメリカでは，1967年に「法人税の会計処理」と

いう会計原則が公表され，税効果会計が公式に採用された。国際会計基準においても1979年に「法人税等の会計」という会計基準が公表され，以後税効果会計の適用が原則とされてきた。

わが国では，平成10年に企業会計審議会が「税効果会計に係る会計基準」を公表して，平成11年4月1日以降開始する事業年度から税効果会計を適用することを義務付けたのである。

3. 税効果会計の必要性

税効果会計，すなわち「法人税を期間配分する」ことがなぜ必要なのであろうか。その理由は，企業会計の目的と法人税の目的が違うことにある。そのために，先にも述べたように，企業会計上の利益と，法人税の課税対象の所得は異なった数字となることが普通である。

企業会計は投資家の意思決定に有用な情報を提供すること，株主等の利害関係者に企業の経営成績や財政状態を適切に計算・報告することが目的である。企業利益の計算は，一定期間に実現した収益とその収益を得るために発生した費用を対応させ，正しい期間損益として算定される。

一方，法人税の課税所得計算は，企業利益を基礎にしながら，課税の公平を達成することを重視し，確実性，客観性などを確保することを目的にしている。特に，費用の認識において客観性や確実性を重視した規定を多くおいているために，企業会計上は費用として計上されても，課税所得計算上は費用として認めない結果となる場合がある。

たとえば，賞与引当金，修繕引当金，退職給付引当金などは，期間損益計算を正しく行うためには費用計上することが必要である。しかし，引当金は確定債務ではなく，計算に客観性が乏しいという理由で，課税所得計算上は原則として認められないのである。そこで，企業会計上に計上した引当費用が100あれば，企業利益と課税所得とは，その引当費用の100だけが相違することにな

る。

　また，損益計算書の「税引前当期純利益」の次に計上する「法人税等」をどのように計算し，計上するのかが問題になる。法人税の課税所得を基に計算された法人税等（住民税・事業税を含む，以下同じ）だけを計上することが，永年のわが国の慣行であった。しかし，この方法では，会計利益に対応した法人税等になっていない。そこで，損益の期間帰属を原因として生ずる差異を計算して，これを「法人税等調整額」として損益計算書に表示することにより，最終損益である当期純利益が適正な期間損益として示されるようにするのである。

4. 企業利益と課税所得の関係

　企業利益は収益から費用を差し引いて計算する。課税所得は益金から損金を引いて計算する。益金は収益に益金算入項目を加え，益金不算入項目を引いて計算する。配当金は収益であるが所得計算上は一定額が益金不算入とされる。

　損金は，費用から損金不算入項目を引き，損金算入項目を加えて計算する。交際費の一定額は損金不算入なので費用から差し引く必要があり，多くの引当金も損金不算入なので費用から差し引くことになる。以上をまとめると次のようになる。

〈益金＝収益＋益金算入－益金不算入〉
〈損金＝費用＋損金算入－損金不算入〉

所得は益金から損金を引いたものなので，所得＝益金－損金となり，この式に上記の益金と損金の式を代入すると次のようになる。
所得＝益金－損金＝（収益＋益金算入－益金不算入）－（費用＋損金算入－損金不算入）。この括弧をはずすと，
所得＝（収益－費用）＋益金算入－益金不算入－損金算入＋損金不算入
　　＝利益＋益金算入－益金不算入－損金算入＋損金不算入

つまり，企業利益に，益金と損金の算入・不算入項目を加減することによって課税所得が計算されることになる。

5. 企業利益と課税所得の差異（一時差異と永久差異）

企業利益と課税所得は上記のように差異が生じる。税効果会計は，企業利益と課税所得の差異から生じる法人税額を適正に期間配分するための会計処理であるが，すべての差異を対象にするのではなく，原則として「一時差異」のみを対象にしている。

一時差異（期間差異）は，収益と益金，費用と損金の差異のうち，会計上と税務上の認識時期の相違から生じるものである。減価償却費，引当金繰入額などによるものである。

たとえば，乗用車の税務上の耐用年数は6年と決められているが，企業が実際には4年で買い換えており4年が適正な耐用年数であるとして減価償却を行うとする。この場合，企業利益の計算上，減価償却費は少なくとも1年目は税務上の減価償却限度額を上回り，その超過額は損金不算入となる。この差異は一時差異である。なぜなら，減価償却費の合計額は最終的には耐用年数を経過すれば同じとなるから，一年目の差異から生じる減価償却超過額は，やがて後年度には税務上の計算上，損金として認識される。税効果会計はこのような一時差異から生じる繰延税金の計算と表示を扱うのである。

永久差異は，収益と益金，費用と損金の差異が会計上と税務上の考え方の相違，税務政策上の扱いから生じたものであり，その相違は永久に解消されない性格の差異である。交際費の損金不算入，法人税・住民税・罰科金等の損金不算入などである。たとえば，交際費は，会計上は費用であるが税務上は損金不算入が原則であり，差異となる。この差異は永久に解消されない。このような永久差異は税効果会計の対象にはならないのである。

なお，益金から損金を差し引いた額がマイナスになるとこれを欠損金とよ

ぶ。この税務上の欠損金は、7年間は繰り越しが可能である。この繰越欠損金は所得計算上7年間は控除することが可能なので、後年度の所得計上の見込み次第で税負担に影響があるため、税効果会計の対象になることに注意したい。

6. 税効果会計基準の内容

税効果会計の方法には、繰延法と資産負債法とがあるが、会計基準では、資産負債法によっている。

1) 貸借対照表上の資産および負債の金額と、課税所得計算上の資産および負債の金額との差異を「一時差異」とよび、この一時差異に係る税金の額を適切な期間に配分し、計上する。また、将来の課税所得と相殺可能な「繰越欠損金等」は、一時差異と同様に扱う。

2) 一時差異には2種類ある。1つは、その差異が解消するときに課税所得を減額させる効果をもつ「将来減算一時差異」であり、「繰延税金資産」とよぶ。もう1つが、その差異が解消するときに課税所得を増額させる効果をもつ「将来加算一時差異」であり、「繰延税金負債」とよぶ。

3) 繰延税金資産と繰延税金負債の差額を、期首と期末で比較した増減額を、当期に納付すべき法人税等の「調整額」として計上する。これを、「法人税等調整額」とよび、損益計算書の税引前当期純利益の後に、納付すべき法人税等と区別して計上する。

4) 繰延税金資産および繰延税金負債は、原則として、これらに関連した資産・負債の分類に基づいて、流動項目と固定項目に分けて表示する。たとえば、流動資産に属する貸倒引当金の損金算入限度超過額に係る繰延税金資産は、流動資産として表示する。

5) 繰延税金資産の回収可能性

繰延税金資産は、将来に課税所得を減少させ、税負担額を軽減することが認められる場合に、その範囲内で計上するものである。これを繰延税金資産の回

収可能性といい，初めて計上する場合だけでなく，その後も毎期回収可能性につき慎重に検討する必要がある。

7. 税効果会計の具体的適用

税効果会計を適用する場合のポイントを要約してまとめておく。

(1) 税効果会計の対象となる税金

税効果会計の対象となる税金は，利益に課されるものであり，具体的には法人税，住民税，事業税の3つである。

(2) 税効果会計の適用税率

税効果会計の適用に当たり使用する税率は「法定実効税率」であり，次のような算式を使って求めたものである。

$$法定実効税率 = \langle 法人税率 \times (1 + 住民税率) + 事業税率 \rangle \div (1 + 事業税率)$$

(3) 一時差異の認識と繰延税金の計算

税効果会計は，貸借対照表の資産または負債の金額と課税所得計算上の資産または負債の金額との差額を計算する。この差額を一時差異といい，これに係る税額を会計期間に適切に配分する。

将来減算一時差異に係る税額は「繰延税金資産」として資産計上され，損益計算上は純利益の加算項目となる。将来加算一時差異に係る税額は「繰延税金負債」として負債計上され，損益計算上は利益からの減算項目となる。

(4) 法人税等調整額の表示

繰延税金資産と繰延税金負債の差額が「法人税等調整額」として，損益計算書の税引前当期純利益の次に計上されている「法人税等」（確定税額である）の下に計上されることになる。確定税額を法人税等調整額により調整した額が，会計利益に対応して適切に期間配分された法人税等となるのである。

8. 税効果会計の説例

> 資料
> 01期と02期いずれも，税引前純利益1,000千円とする。
> 01期に賞与引当金を300千円計上したが，税務上は確定債務ではないので損金不算入になる。
> 02期に賞与300千円を支給し賞与引当金を取り崩した。それ以外の税務調整はない。法定実効税率は40％とする。

01期の損益計算書（単位：千円）

〈税効果会計を適用しない場合〉

売上高	×　×　×
（以下省略）	
賞与引当金繰入額	300
〔以下省略〕	
税引前当期純利益	1,000
法人税等	520
当期純利益	480

〈税効果会計を適用した場合〉

売上高	×　×　×
（以下省略）	
賞与引当金繰入額	300
〔以下省略〕	
税引前当期純利益	1,000
法人税等	520
法人税等調整額	（－）120〔＊1〕
当期純利益	600〔＊2〕

（注）＊1　賞与引当金繰入額は税務上は確定債務ではないので，損金不算入として加算され課税所得が計算される。しかし，これは将来減算され税額を減少させる効果があるので，将来減算一時差異となる。この将来減算一時差異300に法定実効税率40％を掛けた額120が「法人税等調整額」となり，同額の120は「繰延税金資産」として貸借対照表に計上されることになる。

＊2　税効果会計を適用する場合は，税引前当期純利益から差し引くのは，「法人税等」520から「法人税等調整額」△120を控除した400であり，当期純利益は600千円になる。この数字は税引前当期純利益1,000千円に税率40％を掛けた法人税等400千円を差し引いた金額と一致し，法人税の期間対応がなされていることを示している。

02期の損益計算書（単位：千円）

〈税効果会計を適用しない場合〉　　〈税効果会計を適用した場合〉

売上高	×××		売上高	×××
（以下省略）			（以下省略）	
税引前当期純利益	1,000		税引前当期純利益	1,000
法人税等	280 〔＊1〕		法人税等	280
当期純利益	480		法人税等調整額	（＋）120 〔＊2〕
			当期純利益	600 〔＊3〕

(注)＊1　02期の法人税等は，税引前当期純利益1,000円から，賞与支払による賞与引当金300千円の取崩しが減算され，課税所得は700千円となり，税率40％を掛け280と計算される。税効果会計を適用しない場合はその280千円が「法人税等」として計上される。

　＊2　税効果会計を適用した場合，「法人税等調整額」120千円は，上記の賞与支払により減算された300千円に税率40％を掛けたものである。

　＊3　税効果会計を適用すると，当期に配分される税負担額は，「法人税等」280千円と「法人税等調整額」120千円を合わせた400千円となり，税引前当期純利益1,000千円に税率40％を適用したものと一致し，法人税の期間対応がなされ，当期純利益が適正に表示されることを示している。

第15章 金融商品会計論

1. 金融商品会計の意義

金融商品は，現金預金，金銭債権債務，有価証券のほか，デリバティブなどを含む範囲の広い概念である。平成11年1月に企業会計審議会が「金融商品に係る会計基準」を公表し，有価証券やデリバティブに時価評価を要求する新しい会計基準が示された。その後，平成18年8月に上記の一部を改正した企業会計基準第10号「金融商品に関する会計基準」が公表された。この会計基準にしたがって以下解説したい。

2. 金融資産および金融負債の範囲

(1) 金融資産

金融資産とは，現金預金，受取手形，売掛金及び貸付金等の金銭債権，株式その他の出資証券及び公社債等の有価証券ならびに「デリバティブ取引」により生じる正味の債権等をいう。「デリバティブ取引」とは，先物取引，先渡取引，オプション取引，スワップ取引およびこれらに類似する取引をいう。さらに，商品ファンドやゴルフ会員権等も金融資産とされている。

「先物取引」と「先渡取引」は，金融商品（外国為替・金利など）を将来の一定時点に，あらかじめ約定した価格で引き渡す取引である。先物取引は，商品先物や株価指数先物などのように取引所で標準化された商品を対象にして，差金決済が行われる。一方，先渡契約は，為替予約など当事者間の相対取引に

よるもので，将来実際に現物の受け渡しがあるものである。

「オプション取引」は，株式などを「あらかじめ決められた価格で」，「買う権利」または「売る権利」を売買する取引である。

「スワップ取引」は，債務の元本や金利などを交換する取引で，「通貨スワップ取引」と「金利スワップ取引」がある。

(2) 金融負債

金融負債とは，支払手形，買掛金，借入金，社債等の金銭債務ならびに「デリバティブ取引」により生じる正味の債務等をいう。

(3) 金融商品

金融資産，金融負債およびデリバティブ取引を総称して「金融商品」という。また，複数の金融資産，金融負債が組み合わされているものを「複合金融商品」という。債務保証契約や当座貸越契約なども金融商品に該当し，かなり広い概念であることに注意したい。

(4) 時価とは

金融商品の評価には時価を使う場合が多い。時価とは何かについて明らかにしておく必要がある。

時価は「公正な評価額」とされているが，市場価格がある場合とない場合に分けて規定されている。市場価格とは，市場において形成されている取引価格，気配・指標その他の相場である。市場は公設のもの以外のものも含まれていると解釈されている。

市場価格がある場合には，それに基づく価額が公正な評価額となる。市場価格がない場合には，合理的に算定された価額が公正な評価額となる。

3. 金融資産・金融負債の発生・消滅の認識

(1) 発生の認識

発生の認識とは，金融資産・金融負債を財務諸表に計上することをいう。そ

の計上時期をいつにするかという問題である。「契約を締結」したときに金融資産，金融負債を認識し，財務諸表に計上するのが原則である。

ただし，商品等の売買または役務の提供に係る金銭債権債務については，原則として，商品等の受け渡し，役務の提供の完了によってその発生を認識することになる。

(2) 消滅の認識

消滅の認識とは金融資産，金融負債を財務諸表から除去することをいう。

① 金融資産の消滅

金融資産の消滅を認識するのは，次のときである。

イ　金融資産の契約上の権利を行使したとき

ロ　金融資産の契約上の権利を喪失したとき

ハ　金融資産の契約上の権利に対する支配が他に移転したとき。

なお，「金融資産の権利に対する支配が他に移転」するのは次の要件がすべて満たされたときである。

イ　譲渡された金融資産に対する譲受人の契約上の権利が，譲渡人およびその債権者から法的に保全されていること

ロ　譲受人が，譲渡された金融資産の契約上の権利を直接・間接に通常の方法で享受できること

ハ　譲渡人が，譲渡した金融資産を満期日前に買い戻す権利および義務を実質的に有していないこと。

通常は，金銭債権であれば当該対価を回収したとき，有価証券等を譲渡したときなどが消滅の認識時期である。ただし，買い戻し特約などがついている場合など，譲渡や「権利の移転」についての判断が難しい場合に，上記のような3条件を踏まえることを要求しているのである。

② 金融負債の消滅

金融負債の消滅を認識しなければならないのは，以下のいずれかに該当するときである。

イ　金融負債の契約上の義務を履行したとき
ロ　金融負債の契約上の義務が消滅したとき
ハ　金融負債の契約上の第一次債務者の地位から免責されたとき。
③　金融資産及び金融負債の消滅の会計処理

金融資産または金融負債が消滅したときは，金融資産または金融負債の帳簿価額とその対価との差額を，当期の損益として処理しなければならない。

金融資産または金融負債の一部が消滅したときは，消滅部分の帳簿価額とその対価との差額を当期の損益として処理する。

消滅部分の帳簿価額は，全体の帳簿価額を当該金融資産または金融負債の全体の時価に対する消滅部分と残存部分の時価の比率で按分する。

4. 金融資産・金融負債の貸借対照表価額

(1) 債　権

受取手形，売掛金，貸付金その他の債権の貸借対照表価額は，取得価額から貸倒見積高に基づいて算定された貸倒引当金を控除した金額とする。

ただし，債権を，債権金額より低いまたは高い金額で取得した場合において，その差額の性格が金利の調整と認められるときは，償却原価法に基づいて算定した金額から貸倒引当金を控除した金額としなければならない。

償却原価法とは，金融資産または金融負債を，債権額または債務額と異なる金額で計上した場合に，その差額を，弁済期または償還期に至るまで毎期一定の方法で取得価額に加減すると共に受取利息または支払利息に含めて処理する方法である。

(2) 有価証券

有価証券は，保有目的に従った分類をしたうえで異なった処理を行う。
①　売買目的有価証券

売買目的有価証券は，時価の変動による利益を得ることを目的にして保有す

る有価証券であり，貸借対照表価額は時価とし，評価差額は当期の損益として処理する。

② 満期保有目的有価証券

満期保有目的有価証券は，満期まで所有する意図を持っている社債その他の債券であり，取得原価をもって貸借対照表価額とする。

ただし，債券を債券金額と異なる価格（低いまたは高い）で取得した場合に，その差額，金利の調整の性格がある場合は償却原価法による。

③ 子会社株式および関連会社株式

子会社株式及び関連会社株式は，取得原価をもって貸借対照表価額とする。

④ その他有価証券

上記の3つに該当しないものを「その他有価証券」といい，貸借対照表価額は時価による。毎期の評価差額は洗い替え方式により，次のいずれかの方法により処理する。

イ 評価差額の合計額を「純資産の部」に計上する。

ロ 時価が取得原価を上回る銘柄に係る評価差額は「純資産の部」に計上し，下回る銘柄の評価差額は当期の損失として処理する。

なお，「純資産の部」に計上するその他有価証券の評価差額は，税効果会計を適用し，他の剰余金と区分して記載する。

⑤ 市場価格のない有価証券

市場価格のない有価証券のうち，「社債その他の債券」の貸借対照表価額は，「債権」の貸借対照表価額に準じて計上する。「社債その他の債券」以外の有価証券は，取得原価をもって貸借対照表価額とする。

⑥ 時価が著しく下落した場合

イ 「満期保有目的の債券」「子会社株式及び関連会社株式」「その他の有価証券のうち市場価格のあるもの」は，その時価が著しく下落したときは，回復する見込みがあると認められる場合を除き，「時価」をもって貸借対照表価額とし，評価差額は当期の損失として処理する。

ロ 市場価格のない株式は，発行会社の財政状態の悪化により「実質価額が著しく低下」したときは，「相当の減額」をなし，評価差額は当期の損失として処理する。

(3) 運用目的の金銭の信託

運用を目的とする金銭の信託（合同運用を除く）は，その信託財産の構成物である金融商品のそれぞれの評価額を合計し，その合計額を貸借対照表価額とする。評価差額は当期の損益として処理する。

(4) デリバティブ取引

デリバテイブ取引により生じる正味の債権及び債務は，時価をもって貸借対照表価額とし，評価差額は原則として当期の損益として処理する。

(5) 金銭債務

支払手形，買掛金，借入金その他の債務は，「債務額」をもって貸借対照表価額とする。

社債は，社債金額をもって貸借対照表価額とする。社債を社債金額と異なる価額（低いまたは高い）で発行した場合は，償却原価法に基づいて算定した価額を貸借対照表価額とする。

(6) 貸倒見積額の算定

貸倒見積高の算定に当たり，債務者の財政状態，経営成績に応じて債権を次のように区分する。

イ 一般債権…債務者の経営状態に重大な問題が生じていない場合の債権
ロ 貸倒懸念債権…経営破たんの状態には至っていないが，債務の弁済に重大な問題が生じているか，生じる可能性が高い債務者に対する債権
ハ 破産更生債権等…経営破綻または「実質的に経営破綻」に陥っている債務者に対する債権

上記の区分に応じて次のように債権の貸倒見積高を算定する。

① 一般債権

債権の状況に応じた過去の貸倒実績率等合理的な基準により算定する。

② 貸倒懸念債権

債権の状況に応じて次のいずれかの方法で算定する。原則として同一の方法を継続適用する。

イ　債権額から担保の処分見込額と保証による回収見込額を減額し，その残額については，債務者の財政状態・経営成績を考慮して貸倒見積額を算定する。

ロ　「債権の元本の回収及び利息の受取り」（以下，債権の元本の回収等という）に係るキャッシュフローを合理的に見積もることができる債権については，債権の元本の回収等が見込まれるときから当期末までの期間にわたり，当初の約定利子率で割り引いた金額と債権の帳簿価額の差額を，貸倒見積額とする。

③ 破産更生債権

債権額から担保の処分見込額と保証による回収見込み額を減額し，その残額を貸倒見込額とする。

5.　ヘッジ会計

ヘッジ会計は，ヘッジ対象に係る損益とヘッジ手段にかかる損益を，同一の会計期間に認識し，ヘッジの効果を会計に反映させるための処理である。

(1)　ヘッジ対象

固定金利の借入金や貸付金は市場金利の変動により時価が変動するので，これをヘッジするために変動金利の借入金や貸付金をヘッジに使うのであるが，ヘッジ会計が適用されるヘッジ対象を次のように定義している。

① 相場変動等による損失の可能性がある資産・負債で，それらに係る相場変動等が評価に反映されていないもの

② 相場変動等が評価に反映されているが，評価差額が損益として処理されないもの

③ 当該資産・負債に係るキャッシュ・フローが固定され，その変動が回避されるもの

(2) ヘッジ会計の要件

ヘッジ会計が適用されるのは，次の要件のすべてが満たされた場合である。

① ヘッジ取引時の要件

ヘッジ取引が企業のリスク管理方針に従ったものであることが，次のいずれかによって客観的に認められること。

イ その取引が企業のリスク管理方針に従ったものであることが，文書により確認できる

ロ 企業のリスク管理方針に関し明確な内部規定と内部統制組織が存在し，当該取引がこれに従って処理されることが期待されること

② ヘッジ取引時以降の要件

ヘッジ対象とヘッジ手段の損益が高い程度で相殺される状態，または，ヘッジ対象のキャッシュ・フローが固定されその変動が回避される状態が，引き続き認められることによって，ヘッジ手段の効果が定期的に確認されていること。

(3) ヘッジ会計の方法

① ヘッジ取引に係る損益認識時点

原則として，時価評価されているヘッジ手段に係る損益または評価差額を，ヘッジ対象に係る損益が認識されるまで，資産または負債として繰り延べる方法による。

ただし，ヘッジ対象である資産または負債に係る相場変動等を損益に反映させることにより，その損益とヘッジ手段に係る損益とを同一の会計期間に認識できる。

② ヘッジ会計の要件を充たさなくなったとき

ヘッジ会計の要件が充たされていた間のヘッジ手段に係る損益又は評価差額は，ヘッジ対象に係る損益が認識されるまで繰り延べる。ただし，繰り延べたヘッジ手段に係る損益または評価差額について，ヘッジ対象にかかる含み益が減少しヘッジ会計の終了時点で重要な損失が生じる恐れがあるときは，その損

失を見積もり，当期の損失として処理する。

③ ヘッジ会計の終了

ヘッジ会計は，ヘッジ対象が消滅したときに終了し，繰り延べられているヘッジ手段に係る損益または評価差額は，当期の損益として処理する。また，ヘッジ対象である予定取引が実行されないことが明らかになったときは，同様に処理する。

6. 複合金融商品

(1) 転換社債型新株予約権付社債

① 発行者側の会計処理

転換社債型新株予約権付社債の発行に伴う払込金額は，社債の対価部分と新株予約権の対価部分とを区分せず普通社債の発行に準じて処理するか，または，転換社債型新株予約権付社債以外の新株予約権付社債に準じて処理する。

② 取得者側の会計処理

転換社債型新株予約権付社債の取得価額は，社債の対価部分と新株予約権の対価部分とを区分せず，普通社債の取得に準じて処理する。権利を行使したときは株式に振り替える。

(2) 転換社債型新株予約権付社債以外の新株予約権付社債

① 発行者側の会計処理

発行に伴う払込金額は，社債の対価部分と新株予約権の対価部分とに区分する。

社債の対価部分は，普通社債の発行に準じて処理する。新株引受権の対価部分は純資産に計上し，権利が行使され新株を発行したときは資本金または資本準備金に振り替え，権利行使されずに権利行使期限が到来したときは利益として処理する。

② 取得者側の会計処理

取得価額は，社債の対価部分と新株予約権の対価部分とを区分する。

社債の対価部分は，普通社債の取得に準じて処理する。新株引受権の対価部分は有価証券の取得として処理し，権利を行使したときは株式に振り替え，権利行使せずに権利行使期限が到来したときは損失として処理する。

(3) その他の複合金融商品の会計処理

契約の一方の当事者の払込資本を増加させる可能性のある部分を含まない複合金融商品は，原則として，それを構成する個々の金融資産・金融負債とに区分しないで，一体として処理する。

〈参考文献〉

　　企業会計審議会「金融商品に関する会計基準」　平成18年8月11日

第16章 リース会計論

1. リース取引の意義

 1993年6月17日企業会計審議会第一部会「リース取引に係る会計基準に関する意見書」でリース取引の定義について「リース取引とは,特定の物件の所有者たる貸手(レッサー)が,当該物件の借手(レッシー)に対し,合意された期間(以下リース期間という)」にわたりこれを使用収益する権利を与え,借手は,合意された使用料(以下「リース料」という)を貸手に支払う取引をいう」としている。

 また1994年1月には日本公認会計士協会より「リース取引の会計処理及び開示に関する実務指針」(以下,リース実務指針)が公表された。

 リース取引の判定基準には,1976年11月,アメリカの財務会計基準審議会(FASB),財務会計基準書13号「リース会計処理」(FASB),1997年改訂国際会計基準第17号「リース取引」(改訂JIAS17)が公表されている。

 現行の「リース取引に係る会計基準」は,2008年4月1日以降開始事業年度から適用される「リース取引に関する会計基準」に改正される。

2. リース取引の分類

 リース取引には,①ファイナンス・リース取引と,②オペレーティング・リース取引の2種類がある。

(1) ファイナンス・リース取引

リース契約に基づくリース期間の中途において当該契約を解除することができないリース取引またはこれに準ずるリース取引で，借手が，当該契約に基づき使用する物件（以下「リース物件」という）からもたらされる経済的利益を実質的に享受することができ，かつ，当該リース物件の使用に伴って生じるコストを実質的に負担することとなるリース取引をいい，経済的利益（経済的効益）説をとっていて，貨幣額によって合理的に測定できるとしている。

またファイナンス・リース取引は次の2つに分類される。

① 所有権移転ファイナンス・リース
- ・譲渡条件がついている
- ・割安購入選択権がついている
- ・特別仕様物件である等

② 所有権移転外ファイナンス・リース
- ・①以外のファイナンス・リース

(2) オペレーティング・リース取引

ファイナンス・リース取引以外のリース取引をいう。

（注）リースとレンタルの違い…リースは継続利用を目的（契約期間は1年超）とし，保守費用等は賃借人に生じるが，レンタルは一時使用（1年以内）を目的とし，保守費用等は賃貸人に生じる点が異なる。

3. リース取引の判定

リース取引に関する会計基準の適用指針（企業会計基準適用指針第16号）により判定すると，次のいずれかに該当する場合にはファイナンス・リース取引となる。

① 現在価値基準

リース料総額の現在価値が見積現金購入価額（借手が当該リース物件を

現金購入するとした場合の見積金額）の90％以上であること
② 経済的耐用年数基準
解約不能リース期間が経済耐用年数の75％以上であること

4. リース資産の計上価額

貸借対照表に計上されるリース資産の価額は，要約すると次のようになる。

	貸手の購入価額が明らか	貸手の購入価額が明らかでない
所有権移転ファイナンスリース	購入価額	リース料総額の現在価値と見積現金購入価額のいずれか少ない方
所有権移転外ファイナンスリース	リース料総額の現在価値と購入価額のいずれか少ない方	リース料総額の現在価値と見積現金購入価額のいずれか少ない方

5. 会計処理

(1) ファイナンス・リース
① リース取引開始日に通常の売買処理に準じた会計処理により，リース物件とこれに係るリース債務をリース資産およびリース債務として計上し，その算定にあたっては原則としてリース締結時に合意されたリース料総額からこれに含まれている利息相当額の合理的な見積額を控除する方法による。
② 減価償却費の計上は以下の方法による
（イ）所有権移転ファイナンス・リースに該当するものについては，自己所有の固定資産に適用する減価償却方法と同一の方法により算定する。
（ロ）所有権移転外ファイナンス・リースに該当するものについては，

リース期間を耐用年数とし，残存価額をゼロとして算定する。

(注) 旧基準では所有権移転外ファイナンス・リースについて通常の賃貸借取引に係る方法に準じて会計処理を行うことも認められていたが，「リース取引に関する基準」では廃止になった。

【仕訳例】
契約時：(借) リース資産　×××　(貸) リース債務　×××
支払時：(借) リース債務　×××　(貸) 現金預金　×××
　　　　　　　支払利息
決算時：(借) 減価償却費　×××　(貸) 減価償却累計額　×××

(2) オペレーティング・リース

通常の賃貸借取引に係る方法に準じて会計処理を行う。

【仕訳例】
支払時：(借) リース料　×××　(貸) 現金預金　×××

6. ファイナンス・リース取引の表示

① リース資産については，原則として，有形固定資産，無形固定資産の別に，一括してリース資産として表示する。ただし，有形固定資産または無形固定資産に属する各科目に含めることもできる。

② リース債務については貸借対照表日後1年以内に支払期限の到来するものは流動負債とし，1年を超えて支払期限の到来するものは固定負債とする。

7. 財務諸表に関する注記

① ファイナンス・リース取引の注記

リース資産について，資産の種類等および減価償却の方法を注記する。ただし，重要性が乏しい場合には当該注記を要しない。

② オペレーティング・リース取引の注記

オペレーティング・リース取引のうち解約不能のものに係る未経過リース料は，貸借対照表日後1年以内のリース期間に係るものと，1年を超えるリース期間に係るものとに区分して注記する。ただし，重要性が乏しい場合には当該注記は要しない。

8. 税法との調整

リース会計基準の改正に伴い法人税の改正も行っている。この改正により，リース会計基準と税制の一体的解決を図っている。その改正点は，次のとおりである。

① 法人税法第64条の2…内国法人がリース取引を行った場合には，リース資産の賃貸人から賃借人への引渡しの時に当該リース資産の売買があったものとして，当該賃貸人または賃借人である内国法人の各事業年度の所得の金額を計算する。

② 法人税法施行令第131条の2…法64条の2の規定により売買があったものとされた同項に規定するリース資産につき，その賃借人が賃借料として損金経理した金額は，償却費として損金経理した金額に含まれるものとする。

この改正の結果，①所有権移転外ファイナンス・リース取引についても，税法上，売買取引とみなす。②所有権移転外ファイナンス・リース取引の賃借人のリース資産の減価償却方法はリース期間定額法によるが，賃借人が賃借料として経理した場合においてもこれを減価償却費として取扱う。

第17章 企業結合会計論

1. 企業結合会計の経緯

　企業の国際化に伴い，合併や企業分割やM＆Aが活発化している。合併や会社分割等の統一的な会計基準が2003年10月に「企業結合に係る会計基準」（以下，企業結合会計基準）として公表された。2005年12月に，企業会計基準委員会より企業会計基準第7号「事業分離等に関する会計基準」と企業会計基準適用指針第10号「企業結合会計基準及び事業分離会計基準に関する適用指針」が公表された。会社分割制度は，2000年5月31日に公布され，2001年4月1日から施行された。それまでに，1997年の独占禁止法の改正が行われ，1999年に持株会社の解禁に伴う株式交換，株式移転制度が創設された。

　企業結合会計基準は，2008年12月に改正が行われた（改正前のそれを「旧基準」，改正後のそれを「新基準」と略す）。新基準の改正の主たるものは，①旧基準で認められていた「持分プーリング法」を廃止したこと，および②負ののれんの会計処理を変更したことがあげられる。

2. 企業結合の意義

　企業結合とは，「ある企業（会社及び会社に準ずる事業体をいう。以下同じ。）又はある企業を構成する事業と他の企業又は他の企業を構成する事業とが1つの報告単位に統合されることをいい，一般的には「連結財務諸表原則」にいう他の会社の支配の獲得も含む」と定義している。

3. 企業結合の種類

旧基準では，企業結合を①取得，②持分の結合，③共同支配企業の形成および，④共同支配下の取引の4つに分類していたが，新基準では，その形態により次の3つに分類される。

① 取得…「取得」とは，ある企業が他の企業または企業を構成する事業に対して「支配」を獲得することをいう。この場合，取得する企業を「取得企業」といい，取得される企業を「被取得企業」という。

② 共同支配企業の形成…「共同支配企業」とは，複数の得率した企業により共同して支配される企業をいい，また「共同支配企業の形成」とは，複数の独立した企業が契約等により「共同支配企業を形成する企業結合」をいう。

③ 共同支配下の取引…「結合企業または事業が，企業結合の前後で同一の株主により最終的に支配されるとともに，その支配が一時的でない企業結合」をいう。

なお，本章では，企業結合会計の基本である「取得」による場合のみを解説する。

4. 取得企業の決定

現金などの資産を支払うことなどにより株式を取得し，親子関係が形成された場合などで，他の企業を支配したときには，その企業は，原則として「取得企業」となる。なお，「取得企業」となるかどうかの判定は，次の要件を考慮して行う。

① 対価の種類が現金を含む資産を引き渡すまたは負債を引き受けることとなる企業結合の場合には，通常，その資産の引き渡しまたは負債の引き受け側の企業が「取得企業」となる。

② 対価の種類が株式である企業結合の場合，通常，その株式を交付する企業が「取得企業」となる。
③ 結合当事企業のうち，純資産額や売上高などの相対的な規模が著しく大きい場合には，通常，その規模の著しい企業が「取得企業」となる。
④ 結合当事企業が3社以上の場合には，上記の①から③に加えて，いずれの企業が最初に企業結合を提案したについても考慮する。

5.「取得」の会計処理

旧基準では，①「取得」と②「持分の結合」に分け，前者の①「取得」には，「パーチェス法」を適用し，後者の②「持分の結合」については「持分プーリング」法を適用することになっていた。しかし，新基準では，「持分プーリング法」の適用が無くなり，①「取得」と②「持分の結合」のいずれも「パーチェス法」を適用することになった。次に新基準で認められなくなった「持分プーリング法」による会計処理も行うことで，「パーチェス法」によるそれと比較できるようにした。

(1) パーチェス法と持分プーリング法の会計処理

① パーチェス法

パーチェス法とは，被取得企業の資産負債と対価として交付される株式等は時価で処理する。時価とは取得日現在の原価で公正な評価額とする方法である。

② 持分プーリング法

持分プーリング法とは，結合するすべての資産，負債及び資本を帳簿価額で引き継ぎ，持分の継続と判断する方法である。この方法は，新結合会計基準では認められなくなった。

(2) のれん

のれんとは，被取得企業または取得した事業の取得価額が，取得した資産及び引受けた負債に配分された純額を超過する額をいい，不足する額は負ののれ

んという。

① のれんの会計処理

（イ）のれんは，20年以内のその支出の効果の及ぶ期間にわたって，定額法等の合理的な方法により規則的に償却する。ただし重要性が乏しい場合には当期の費用として処理することができる。

（ロ）負ののれんは，旧企業結合会計では，固定負債として計上し，20年以内の取得の実態にもとづいた適切な期間において規則的に償却することになっていたが，新基準では，原則として，固定負債ではなく「負ののれん発生益」として発生した期間の特別利益として処理することになった。

② 財務諸表の表示

のれんは，貸借対照表の無形固定資産の区分に表示し，のれん償却は，損益計算書の営業外費用の区分に表示する。負ののれんは，損益計算書の特別利益の区分に表示する。

③ 注記事項

のれんの金額，発生原因，償却方法，償却期間を注記する。

(3) 企業結合の具体例

企業結合には株式交換，株式移転，合併，現物出資等があるが，ここでは「合併」を例にあげる。

〈被合併企業（S社）の貸借対照表〉

貸借対照表　　　（単位：千円）

諸 資 産	120,000	諸 負 債	50,000
		資 本 金	60,000
		利益剰余金	10,000
	120,000		120,000

（注）①諸資産の時価は140,000千円である。
　　　②合併交付株式2,000株，公正価値50千円
　　　③資本組入れは1株あたり30千円

〈パーチェス法による場合の仕訳〉

（借方）諸 資 産	140,000	（貸方）諸 負 債	50,000
のれん	10,000	資 本 金	60,000
		合併差益	40,000

※のれん…2,000株×50千円−（140,000千円−50,000千円）＝10,000千円
　資本金…2,000株×30千円＝60,000千円
　合併差益…2,000株×50千円−60,000千円＝40,000千円

〈持分プーリング法による場合の仕訳〉

（借方）諸 資 産	120,000	（貸方）諸 負 債	50,000
		資 本 金	60,000
		利益剰余金	10,000

（注）この方法では，原則，すべて被合併会社の帳簿価額で記録するため「のれん」は生じない。しかし，この処理法は新基準では，採用されなくなった。

6. 会社法による組織再編

　会社法での組織再編には，吸収型組織再編と新設型組織再編とに分類される。

　吸収型組織再編には，吸収合併（会社法，第二章第二節吸収合併）吸収分割（会社法，第三章会社分割）および株式交換（会社法，第四章，第一節株式交換）がある。また，新設型組織再編には，新設合併（会社法，第二章第三節新設合併），新設分割（会社法，第三章，第二節新設分割），および株式移転（第四章，第二節株式移転）がある。

　組織再編における企業結合の会計処理についても，新企業結合会計基準により，パーチェス法によるものとしており，持分プーリング法は認められていない。

7. 企業結合会計と連結会計

　企業の成長，規模の拡大により市場占有率を高め，生き残りを考える。異分野，異業種への参入のため他企業の吸収合併，買収をすることも経営戦略の1つの方法である。多角化，分社化も企業集団形成の1つの手段となる。財務諸表も連結財務諸表を作成することになるが，このとき企業集団，連結の基準として持株基準と支配力基準とがある。

　連結財務諸表は連結貸借対照表，連結損益計算書，連結株主資本等変動計算書および連結キャッシュ・フロー計算書から構成される。連結財務諸表を作成する場合には，「連結財務諸表原則」および「連結財務諸表原則注解」に準拠しなければならない。

【資料編】

有価証券報告書(一部抜粋)
任天堂株式会社
第67期

自　平成18年4月 1 日
至　平成19年3月31日

(1)　　連結財務諸表……………………………………… 200
　①　連結貸借対照表…………………………………… 200
　②　連結損益計算書…………………………………… 203
　③　連結剰余金計算書(旧規定)
　　　及び連結株主資本等変動計算書………………… 204
　④　連結キャッシュ・フロー計算書………………… 205
　⑤　注記事項…………………………………………… 206

(2)　　(個別)財務諸表…………………………………… 208
　①　貸借対照表………………………………………… 208
　②　損益計算書………………………………………… 211
　③　利益処分計算書(旧規定)
　　　及び株主資本等変動計算書……………………… 214
　④　注記事項…………………………………………… 215

※本資料は、EDINET または任天堂のホームページより
　ダウンロードしたものをそのまま掲載している.

1 【連結財務諸表等】
　(1)　【連結財務諸表】
　　①　【連結貸借対照表】

区分	注記番号	前連結会計年度 (平成18年3月31日) 金額 (百万円)	構成比 (％)	当連結会計年度 (平成19年3月31日) 金額 (百万円)	構成比 (％)
(資産の部)					
Ⅰ　流動資産					
1　現金及び預金		812,064		962,197	
2　受取手形及び売掛金		43,826		89,666	
3　有価証券		64,287		115,971	
4　たな卸資産		30,835		88,609	
5　繰延税金資産		24,170		35,631	
6　その他	※5	45,061		104,483	
7　貸倒引当金		△1,514		△1,886	
流動資産合計		1,018,730	87.8	1,394,673	88.5
Ⅱ　固定資産					
1　有形固定資産	※1				
(1)　建物及び構築物		18,838		18,022	
(2)　機械装置及び運搬具		1,144		1,134	
(3)　工具器具備品		3,341		5,629	
(4)　土地		32,604		32,595	
(5)　建設仮勘定		41		217	
有形固定資産合計		55,969	4.8	57,600	3.7
2　無形固定資産					
(1)　ソフトウェア他		319		505	
無形固定資産合計		319	0.0	505	0.0
3　投資その他の資産					
(1)　投資有価証券	※2	60,213		92,412	
(2)　繰延税金資産		10,314		14,414	
(3)　その他		15,182		16,001	
(4)　貸倒引当金		△26		△10	
投資その他の資産合計		85,683	7.4	122,818	7.8
固定資産合計		141,972	12.2	180,924	11.5
資産合計		1,160,703	100.0	1,575,597	100.0

資料編

区分	注記番号	前連結会計年度 （平成18年3月31日）		当連結会計年度 （平成19年3月31日）	
		金額 （百万円）	構成比 （％）	金額 （百万円）	構成比 （％）
（負債の部）					
Ⅰ　流動負債					
1　支払手形及び買掛金		83,817		301,080	
2　未払法人税等		53,040		90,013	
3　賞与引当金		1,732		1,779	
4　その他		43,684		75,563	
流動負債合計		182,274	15.7	468,436	29.8
Ⅱ　固定負債					
1　長期未払金		861		698	
2　退職給付引当金		3,299		4,443	
固定負債合計		4,161	0.4	5,142	0.3
負債合計		186,435	16.1	473,578	30.1
（少数株主持分）					
少数株主持分		176	0.0	—	—
（資本の部）					
Ⅰ　資本金	※3	10,065	0.9	—	—
Ⅱ　資本剰余金		11,585	1.0	—	—
Ⅲ　利益剰余金		1,096,073	94.4	—	—
Ⅳ　その他有価証券評価差額金		10,717	0.9	—	—
Ⅴ　為替換算調整勘定		762	0.1	—	—
Ⅵ　自己株式	※4	△155,112	△13.4	—	—
資本合計		974,091	83.9	—	—
負債、少数株主持分及び資本合計		1,160,703	100.0	—	—

区分	注記番号	前連結会計年度 (平成18年3月31日)		当連結会計年度 (平成19年3月31日)	
		金額 (百万円)	構成比 (%)	金額 (百万円)	構成比 (%)
(純資産の部)					
Ⅰ 株主資本					
1　資本金		―		10,065	
2　資本剰余金		―		11,586	
3　利益剰余金		―		1,220,293	
4　自己株式		―		△155,396	
株主資本合計		―	―	1,086,549	69.0
Ⅱ 評価・換算差額等					
1　その他有価証券 　　評価差額金		―		8,898	
2　為替換算調整勘定		―		6,432	
評価・換算差額等合計		―	―	15,331	0.9
Ⅲ 少数株主持分		―	―	138	0.0
純資産合計		―	―	1,102,018	69.9
負債純資産合計		―	―	1,575,597	100.0

資料編

② 【連結損益計算書】

区分		注記番号	前連結会計年度 (自 平成17年4月1日 至 平成18年3月31日)			当連結会計年度 (自 平成18年4月1日 至 平成19年3月31日)		
			金額 (百万円)		百分比 (%)	金額 (百万円)		百分比 (%)
Ⅰ	売上高			509,249	100.0		966,534	100.0
Ⅱ	売上原価	※1,2		294,133	57.8		568,722	58.8
	売上総利益			215,115	42.2		397,812	41.2
Ⅲ	販売費及び一般管理費							
1	広告宣伝費		55,442			82,339		
2	給料諸手当		14,471			16,292		
3	賞与引当金繰入額		631			607		
4	役員退職引当金繰入額		29			—		
5	減価償却費		1,764			2,664		
6	研究開発費	※2	30,588			37,706		
7	貸倒引当金繰入額		58			439		
8	その他		21,779	124,766	24.5	31,737	171,787	17.8
	営業利益			90,349	17.7		226,024	23.4
Ⅳ	営業外収益							
1	受取利息		22,497			33,987		
2	為替差益		45,515			25,741		
3	その他		2,884	70,897	14.0	4,101	63,830	6.6
Ⅴ	営業外費用							
1	支払利息		1			0		
2	売上割引		422			919		
3	その他		64	487	0.1	95	1,015	0.1
	経常利益			160,759	31.6		288,839	29.9
Ⅵ	特別利益							
1	貸倒引当金戻入額		966			338		
2	投資有価証券評価損戻入額		1,408			—		
3	固定資産売却益	※3	6			252		
4	投資有価証券売却益		3,653			891		
5	投資有価証券償還益		82			—		
6	関係会社清算益		5			—		
7	役員退職引当金戻入額		1,236	7,360	1.4	—	1,482	0.2
Ⅶ	特別損失							
1	固定資産処分損	※4	31			384		
2	投資有価証券評価損		1,383			335		
3	投資有価証券売却損		233	1,648	0.3	—	720	0.1
	税金等調整前当期純利益			166,470	32.7		289,601	30.0
	法人税、住民税及び事業税		74,431			126,764		
	過年度法人税等		—			2,379		
	法人税等調整額		△6,292	68,138	13.4	△13,796	115,348	12.0
	少数株主利益			△46	△0.0		△37	△0.0
	当期純利益			98,378	19.3		174,290	18.0

③ 【連結剰余金計算書及び連結株主資本等変動計算書】

[連結剰余金計算書]

区分	注記番号	前連結会計年度 (自　平成17年４月１日 至　平成18年３月31日)
		金額 (百万円)
資本剰余金の部		
Ⅰ　資本剰余金期首残高		11,584
Ⅱ　資本剰余金増加高		
1　自己株式処分差益		0　　　　　　　　　0
Ⅲ　資本剰余金期末残高		11,585
利益剰余金の部		
Ⅰ　利益剰余金期首残高		1,032,834
Ⅱ　利益剰余金増加高		
1　当期純利益		98,378　　　　　98,378
Ⅲ　利益剰余金減少高		
1　配当金		34,969
2　役員賞与		170　　　　　　35,139
Ⅳ　利益剰余金期末残高		1,096,073

[連結株主資本等変動計算書]

当連結会計年度(自　平成18年４月１日　至　平成19年３月31日)

	株主資本					評価・換算差額等		少数株主持分
	資本金	資本剰余金	利益剰余金	自己株式	株主資本合計	その他有価証券評価差額金	為替換算調整勘定	
平成18年３月31日残高(百万円)	10,065	11,585	1,096,073	△155,112	962,611	10,717	762	176
連結会計年度中の変動額								
剰余金の配当　※	―	―	△40,932	―	△40,932	―	―	―
剰余金の配当	―	―	△8,953	―	△8,953	―	―	―
役員賞与　※	―	―	△185	―	△185	―	―	―
当期純利益	―	―	174,290	―	174,290	―	―	―
自己株式の取得	―	―	―	△284	△284	―	―	―
自己株式の処分	―	1	―	1	2	―	―	―
株主資本以外の項目の連結会計年度中の変動額(純額)	―	―	―	―	―	△1,819	5,670	△37
連結会計年度中の変動額合計(百万円)	―	1	124,219	△283	123,937	△1,819	5,670	△37
平成19年３月31日残高(百万円)	10,065	11,586	1,220,293	△155,396	1,086,549	8,898	6,432	138

(注)　※　平成18年６月の定時株主総会における利益処分項目です。

④ 【連結キャッシュ・フロー計算書】

区分	注記番号	前連結会計年度 (自 平成17年4月1日 至 平成18年3月31日) 金額 (百万円)	当連結会計年度 (自 平成18年4月1日 至 平成19年3月31日) 金額 (百万円)
Ⅰ 営業活動によるキャッシュ・フロー			
税金等調整前当期純利益		166,470	289,601
減価償却費		3,591	5,968
貸倒引当金の増減額(△は減少)		△511	313
退職給付引当金の増減額(△は減少)		△42	1,089
受取利息及び受取配当金		△23,176	△34,510
支払利息		1	0
為替差損益(△は差益)		△46,577	△21,375
投資有価証券売却益		△3,653	△891
投資有価証券評価損		1,383	335
持分法による投資損益(△は利益)		△267	△798
売上債権の増減額(△は増加)		9,140	△42,687
たな卸資産の増減額(△は増加)		21,554	△54,669
仕入債務の増減額(△は減少)		△28,679	168,070
未払消費税等の増減額(△は減少)		198	3,416
役員賞与の支払額		△170	△185
その他		△1,262	24,359
小計		97,999	338,037
利息及び配当金の受取額		23,237	32,921
利息の支払額		△1	△0
法人税等の支払額		△74,853	△96,324
営業活動によるキャッシュ・フロー		46,382	274,634
Ⅱ 投資活動によるキャッシュ・フロー			
定期預金の預入による支出		△497,914	△776,866
定期預金の払戻による収入		295,452	651,372
有価証券の取得による支出		△35,989	△112,957
有価証券の売却・償還による収入		27,543	117,001
有形固定資産の取得による支出		△4,139	△6,144
有形固定資産の売却による収入		91	372
投資有価証券の取得による支出		△9,172	△52,069
投資有価証券の売却・償還による収入		13,940	6,173
関係会社への出資による支出		△42	―
その他		1,423	△1,485
投資活動によるキャッシュ・フロー		△208,807	△174,603
Ⅲ 財務活動によるキャッシュ・フロー			
自己株式の取得による支出		△25,227	△282
配当金の支払額		△34,943	△49,857
その他		3	2
財務活動によるキャッシュ・フロー		△60,166	△50,137
Ⅳ 現金及び現金同等物に係る換算差額		47,003	21,704
Ⅴ 現金及び現金同等物の増減額(△は減少)		△175,587	71,597
Ⅵ 現金及び現金同等物の期首残高		792,727	617,139
Ⅶ 現金及び現金同等物の期末残高	※1	617,139	688,737

注記事項

(連結貸借対照表関係)

前連結会計年度 (平成18年3月31日)	当連結会計年度 (平成19年3月31日)
※1　有形固定資産減価償却累計額　　38,693百万円	※1　有形固定資産減価償却累計額　　43,265百万円
※2　非連結子会社及び関連会社に対するものは、次のとおりです。 　　　投資有価証券　　　　　　　　6,263百万円	※2　非連結子会社及び関連会社に対するものは、次のとおりです。 　　　投資有価証券　　　　　　　　7,095百万円
※3　当社の発行済株式総数は、普通株式141,669千株です。	──
※4　連結会社及び持分法を適用した非連結子会社並びに関連会社が保有する自己株式の数は、普通株式13,754千株です。	──
※5　現先取引の残高を含んでいます。その担保として受け入れている有価証券の期末時価は15,939百万円です。	※5　現先取引の残高を含んでいます。その担保として受け入れている有価証券の期末時価は21,359百万円です。

(連結損益計算書関係)

前連結会計年度 (自　平成17年4月1日 至　平成18年3月31日)	当連結会計年度 (自　平成18年4月1日 至　平成19年3月31日)
※1　売上原価には、たな卸資産の評価減実施額6,839百万円を含みます。	※1　売上原価には、たな卸資産の評価減実施額6,215百万円を含みます。
※2　一般管理費及び当期製造費用に含まれる研究開発費 　　　　　　　　　　　　　　　30,596百万円	※2　一般管理費及び当期製造費用に含まれる研究開発費 　　　　　　　　　　　　　　　37,725百万円
※3　固定資産売却益の内容は次のとおりです。 　　　土地　　　　　　　　　　　　　5百万円 　　　建物及び構築物　　　　　　　　1百万円 　　　合計　　　　　　　　　　　　　6百万円	※3　固定資産売却益の内容は次のとおりです。 　　　土地　　　　　　　　　　　　252百万円
※4　固定資産処分損の内容は次のとおりです。 　　　除却損 　　　　建物及び構築物　　　　　　　30百万円 　　　　工具器具備品　　　　　　　　0百万円 　　　　合計　　　　　　　　　　　31百万円	※4　固定資産処分損の内容は次のとおりです。 　　　除却損 　　　　建物及び構築物　　　　　　342百万円 　　　　工具器具備品　　　　　　　41百万円 　　　　機械装置及び運搬具　　　　　0百万円 　　　　合計　　　　　　　　　　384百万円

資料編

(連結株主資本等変動計算書関係)
当連結会計年度 (自 平成18年4月1日 至 平成19年3月31日)

1 発行済株式に関する事項

株式の種類	前連結会計年度末	増加	減少	当連結会計年度末
普通株式(株)	141,669,000	―	―	141,669,000

2 自己株式に関する事項

株式の種類	前連結会計年度末	増加	減少	当連結会計年度末
普通株式(株)	13,754,896	11,199	108	13,765,987

(変動事由の概要)
　　増加数の内訳は、次のとおりです。
　　　単元未満株式の買取請求による取得　　　11,199株
　　減少数の内訳は、次のとおりです。
　　　単元未満株式の買増請求による売渡　　　108株

3 配当に関する事項
(1) 配当金支払額

(決議)	株式の種類	配当金の総額 (百万円)	1株当たり配当額 (円)	基準日	効力発生日
平成18年6月29日 定時株主総会	普通株式	40,932	320	平成18年3月31日	平成18年6月30日
平成18年10月26日 取締役会	普通株式	8,953	70	平成18年9月30日	平成18年12月1日

(2) 基準日が当連結会計年度に属する配当のうち、配当の効力発生日が翌連結会計年度となるもの

(決議)	株式の種類	配当金の総額 (百万円)	配当の原資	1株当たり 配当額(円)	基準日	効力発生日
平成19年6月28日 定時株主総会	普通株式	79,299	利益剰余金	620	平成19年3月31日	平成19年6月29日

(連結キャッシュ・フロー計算書関係)

	前連結会計年度 (自　平成17年4月1日 至　平成18年3月31日)	当連結会計年度 (自　平成18年4月1日 至　平成19年3月31日)
	※1　現金及び現金同等物の期末残高と連結貸借対照表に掲記されている科目の金額との関係 (平成18年3月31日)	※1　現金及び現金同等物の期末残高と連結貸借対照表に掲記されている科目の金額との関係 (平成19年3月31日)
現金及び預金勘定	812,064百万円	962,197百万円
預入期間が3か月を超える定期預金	△234,618百万円	△360,838百万円
取得日から3か月以内に償還期限の到来する短期投資	39,693百万円	87,378百万円
現金及び現金同等物	617,139百万円	688,737百万円

2 【財務諸表等】
(1) 【財務諸表】
① 【貸借対照表】

区分	注記番号	前事業年度 (平成18年3月31日) 金額 (百万円)	前事業年度 (平成18年3月31日) 構成比 (%)	当事業年度 (平成19年3月31日) 金額 (百万円)	当事業年度 (平成19年3月31日) 構成比 (%)
(資産の部)					
Ⅰ 流動資産					
1 現金及び預金		727,679		796,140	
2 受取手形		1,345		1,517	
3 売掛金	※2	39,678		192,654	
4 有価証券		17,305		55,990	
5 商品		187		297	
6 製品		2,746		13,958	
7 原材料		10,437		5,146	
8 仕掛品		95		267	
9 貯蔵品		210		563	
10 前払費用		3,070		2,156	
11 繰延税金資産		16,135		22,002	
12 短期貸付金	※8	18,220		24,210	
13 未収入金		11,580		56,856	
14 その他		7,546		9,108	
15 貸倒引当金		△1		△2	
流動資産合計		856,237	85.4	1,180,869	86.4
Ⅱ 固定資産					
1 有形固定資産	※1				
(1) 建物		12,951		12,631	
(2) 構築物		321		283	
(3) 機械及び装置		181		271	
(4) 車両運搬具		20		39	
(5) 工具器具備品		1,568		3,037	
(6) 土地		25,182		25,077	
有形固定資産合計		40,225	4.0	41,341	3.1
2 無形固定資産					
(1) 特許権		5		48	
(2) 商標権		2		2	
(3) ソフトウェア		261		286	
(4) その他		1		0	
無形固定資産合計		270	0.0	337	0.0
3 投資その他の資産					
(1) 投資有価証券		53,949		84,992	
(2) 関係会社株式		19,138		22,185	
(3) 関係会社出資金		10,419		10,419	
(4) 従業員長期貸付金		48		37	
(5) 破産債権、更生債権その他これらに準ずる債権		2,718		10	
(6) 長期前払費用		3,192		3,541	
(7) 繰延税金資産		7,685		10,434	
(8) 長期性預金		11,747		11,805	
(9) その他		89		303	
(10) 貸倒引当金		△2,717		△10	
投資その他の資産合計		106,271	10.6	143,719	10.5
固定資産合計		146,767	14.6	185,398	13.6
資産合計		1,003,005	100.0	1,366,267	100.0

区分	注記番号	前事業年度 (平成18年3月31日) 金額 (百万円)	構成比 (％)	当事業年度 (平成19年3月31日) 金額 (百万円)	構成比 (％)
(負債の部)					
Ⅰ 流動負債					
1 支払手形		4,140		8,919	
2 買掛金		75,932		287,029	
3 未払金		10,900		21,837	
4 未払費用		8,373		12,552	
5 未払法人税等		42,440		78,294	
6 前受金		228		4,591	
7 預り金		755		899	
8 賞与引当金		1,732		1,779	
9 設備関係支払手形		40		313	
10 その他		1,115		2,293	
流動負債合計		145,659	14.5	418,510	30.6
Ⅱ 固定負債					
1 長期未払金		844		680	
固定負債合計		844	0.1	680	0.1
負債合計		146,503	14.6	419,191	30.7
(資本の部)					
Ⅰ 資本金	※4	10,065	1.0	―	―
Ⅱ 資本剰余金					
1 資本準備金		11,584		―	
2 その他資本剰余金					
(1) 自己株式処分差益		0		―	
資本剰余金合計		11,585	1.2	―	―
Ⅲ 利益剰余金					
1 利益準備金		2,516		―	
2 任意積立金					
(1) 固定資産圧縮積立金	※6	44		―	
(2) 別途積立金		810,000		―	
3 当期未処分利益		166,686		―	
利益剰余金合計		979,247	97.6	―	―
Ⅳ その他有価証券評価差額金		10,716	1.1	―	―
Ⅴ 自己株式	※5	△155,112	△15.5	―	―
資本合計		856,501	85.4	―	―
負債資本合計		1,003,005	100.0	―	―

区分	注記番号	前事業年度 (平成18年3月31日)		当事業年度 (平成19年3月31日)	
		金額 (百万円)	構成比 (%)	金額 (百万円)	構成比 (%)
(純資産の部)					
Ⅰ 株主資本					
1 資本金		―		10,065	
2 資本剰余金					
(1) 資本準備金		―		11,584	
(2) その他資本剰余金		―		2	
資本剰余金合計		―		11,586	
3 利益剰余金					
(1) 利益準備金		―		2,516	
(2) その他利益剰余金					
固定資産圧縮積立金	※6	―		40	
別途積立金		―		860,000	
繰越利益剰余金		―		209,368	
利益剰余金合計		―		1,071,925	
4 自己株式		―		△155,396	
株主資本合計		―	―	938,181	68.7
Ⅱ 評価・換算差額等					
1 その他有価証券 評価差額金		―		8,895	
評価・換算差額等合計		―	―	8,895	0.6
純資産合計		―	―	947,076	69.3
負債純資産合計		―	―	1,366,267	100.0

210

② 【損益計算書】

区分	注記番号	前事業年度 (自 平成17年4月1日 至 平成18年3月31日) 金額(百万円)		百分比(%)	当事業年度 (自 平成18年4月1日 至 平成19年3月31日) 金額(百万円)		百分比(%)
I 売上高	※7						
1 製品売上高	※1	399,548			877,290		
2 商品売上高		12,221	411,770	100.0	21,349	898,639	100.0
II 売上原価							
1 期首製品たな卸高		12,744			2,746		
2 期首商品たな卸高		134			187		
3 当期製品製造原価	※2	227,641			564,362		
4 著作権使用料等		12,993			23,921		
5 当期商品仕入高		11,643			20,085		
6 他勘定受入高	※3	1			41		
合計		265,158			611,345		
7 他勘定振替高	※4	368			582		
8 期末製品たな卸高		2,746			13,958		
9 期末商品たな卸高		187	261,855	63.6	297	596,507	66.4
売上総利益			149,914	36.4		302,132	33.6
III 販売費及び一般管理費							
1 発送配達費		1,223			6,488		
2 販売手数料		129			—		
3 広告宣伝費		19,636			22,390		
4 従業員給料諸手当		4,586			5,021		
5 賞与引当金繰入額		631			607		
6 役員退職引当金繰入額		29			—		
7 減価償却費		650			1,035		
8 諸負担金手数料		5,667			4,876		
9 研究開発費	※2	31,792			38,380		
10 貸倒引当金繰入額		5			0		
11 その他		4,013	68,366	16.6	11,043	89,843	10.0
営業利益			81,547	19.8		212,288	23.6
IV 営業外収益							
1 受取利息		18,144			24,055		
2 有価証券利息		1,003			2,435		
3 受取配当金		678			543		
4 仕入割引		303			433		
5 為替差益		47,932			23,131		
6 その他		409	68,472	16.6	1,823	52,423	5.8

区分	注記番号	前事業年度 (自 平成17年4月1日 至 平成18年3月31日) 金額(百万円)		百分比(%)	当事業年度 (自 平成18年4月1日 至 平成19年3月31日) 金額(百万円)		百分比(%)
V 営業外費用							
1 売上割引	※7	561			1,233		
2 その他		19	580	0.1	75	1,308	0.1
経常利益			149,439	36.3		263,403	29.3
VI 特別利益							
1 貸倒引当金戻入額		73			2,912		
2 投資有価証券評価損戻入額		1,408			―		
3 固定資産売却益	※5	6			252		
4 投資有価証券売却益		3,653			891		
5 投資有価証券償還益		82			―		
6 関係会社清算益		5			―		
7 役員退職引当金戻入額		1,236	6,468	1.6	―	4,056	0.4
VII 特別損失							
1 固定資産処分損	※6	31			51		
2 投資有価証券評価損		1,383			335		
3 投資有価証券売却損		233			―		
4 関係会社株式評価損		―	1,648	0.4	1,679	2,067	0.2
税引前当期純利益			154,258	37.5		265,392	29.5
法人税、住民税及び事業税		67,297			112,221		
過年度法人税等	※8	―			17,798		
法人税等調整額		△4,623	62,673	15.3	△7,371	122,648	13.6
当期純利益			91,585	22.2		142,743	15.9
前期繰越利益			84,055			―	
中間配当額			8,954			―	
当期未処分利益			166,686			―	

資料編

製造原価明細書

区分	注記番号	前事業年度 (自 平成17年4月1日 至 平成18年3月31日)		当事業年度 (自 平成18年4月1日 至 平成19年3月31日)	
		金額 (百万円)	構成比 (％)	金額 (百万円)	構成比 (％)
Ⅰ 材料費		217,050	95.4	547,819	97.0
Ⅱ 労務費	※1	2,570	1.1	3,023	0.5
Ⅲ 経費	※2	7,987	3.5	13,766	2.5
当期総製造費用		227,607	100.0	564,608	100.0
期首仕掛品たな卸高		166		95	
合計		227,774		564,704	
期末仕掛品たな卸高		95		267	
他勘定振替高		37		74	
当期製品製造原価		227,641		564,362	

(注) ※1 労務費には次のものが含まれています。

項目	前事業年度	当事業年度
賞与引当金繰入額	322百万円	319百万円

※2 経費には次のものが含まれています。

項目	前事業年度	当事業年度
外注加工費	5,135百万円	8,012百万円
減価償却費	985百万円	1,958百万円

(原価計算の方法)

　　原価計算の方法は、グループ別(組別)総合原価計算を採用しています。

③【利益処分計算書及び株主資本等変動計算書】
［利益処分計算書］

区分	注記番号	前事業年度 (平成18年6月29日株主総会承認)	
		金額 (百万円)	
Ⅰ 当期未処分利益			166,686
Ⅱ 任意積立金取崩額			
1 固定資産圧縮積立金取崩額		2	2
合計			166,688
Ⅲ 利益処分額			
1 配当金		40,932	
2 取締役賞与金		180	
3 任意積立金			
(1) 別途積立金		50,000	91,112
Ⅳ 次期繰越利益			75,576

［株主資本等変動計算書］
当事業年度(自　平成18年4月1日　至　平成19年3月31日)

	株主資本									評価・換算差額等
		資本剰余金		利益剰余金						
					その他利益剰余金					
	資本金	資本準備金	その他資本剰余金	利益準備金	固定資産圧縮積立金	別途積立金	繰越利益剰余金	自己株式	株主資本合計	その他有価証券評価差額金
平成18年3月31日残高 (百万円)	10,065	11,584	0	2,516	44	810,000	166,686	△155,112	845,785	10,716
事業年度中の変動額										
固定資産圧縮積立金の取崩　※	―	―	―	―	△2	―	2	―	―	
固定資産圧縮積立金の取崩	―	―	―	―	△2	―	2	―	―	
剰余金の配当　※	―	―	―	―	―	―	△40,932	―	△40,932	
剰余金の配当	―	―	―	―	―	―	△8,953	―	△8,953	
役員賞与　※	―	―	―	―	―	―	△180	―	△180	
別途積立金の積立　※	―	―	―	―	―	50,000	△50,000	―	―	
当期純利益	―	―	―	―	―	―	142,743	―	142,743	
自己株式の取得	―	―	―	―	―	―	―	△284	△284	
自己株式の処分	―	―	1	―	―	―	―	1	2	
株主資本以外の項目の事業年度中の変動額(純額)	―	―	―	―	―	―	―	―	―	△1,821
事業年度中の変動額合計 (百万円)	―	―	1	―	△4	50,000	42,681	△283	92,395	△1,821
平成19年3月31日残高 (百万円)	10,065	11,584	2	2,516	40	860,000	209,368	△155,396	938,181	8,895

(注)　※は、平成18年6月の定時株主総会における利益処分項目です。

資料編

注記事項

(貸借対照表関係)

前事業年度 (平成18年3月31日)	当事業年度 (平成19年3月31日)
※1　有形固定資産減価償却累計額　　23,542百万円	※1　有形固定資産減価償却累計額　　25,994百万円
※2　関係会社に係る注記 　　　区分掲記した以外で各科目に含まれるものは次のとおりです。 　　　売掛金　　　　　　　　　　　29,211百万円	※2　関係会社に係る注記 　　　区分掲記した以外で各科目に含まれるものは次のとおりです。 　　　売掛金　　　　　　　　　　　181,802百万円
3　保証債務 　　　不動産賃借料支払保証 　　　　NES Merchandising, Inc. 他 　　　　US$29,239千（3,434百万円）	3　保証債務 　　　不動産賃借料支払保証 　　　　NES Merchandising, Inc. 　　　　US$26,184千（3,091百万円）
※4　授権株式数　　　　　普通株式　400,000千株 　　　発行済株式総数　　　普通株式　141,669千株	────
※5　当社が保有する自己株式数は、普通株式13,754千株です。	────
※6　租税特別措置法の規定に基づくものです。	※6　前事業年度に同じ
7　配当制限 　　　商法施行規則第124条第3号に規定する純資産額は10,447百万円です。	────
※8　現先取引の残高を含んでいます。その担保として受け入れている有価証券の期末時価は15,939百万円です。	※8　現先取引の残高を含んでいます。その担保として受け入れている有価証券の期末時価は21,359百万円です。

(損益計算書関係)

前事業年度 (自 平成17年4月1日 至 平成18年3月31日)	当事業年度 (自 平成18年4月1日 至 平成19年3月31日)
※1 製品売上高のうちには、ロイヤリティ収入1,775百万円とコンテンツ収入0百万円が含まれています。	※1 製品売上高のうちには、ロイヤリティ収入2,362百万円とコンテンツ収入1,848百万円が含まれています。
※2 一般管理費及び当期製造費用に含まれる研究開発費 　　　　　　　　　　　　　　31,800百万円	※2 一般管理費及び当期製造費用に含まれる研究開発費 　　　　　　　　　　　　　　38,399百万円
※3 販売費及び一般管理費からの受入高です。	※3 前事業年度に同じ
※4 販売費及び一般管理費他への振替高です。	※4 前事業年度に同じ
※5 固定資産売却益の内容は次のとおりです。 　　土地　　　　　　　　　　　　5百万円 　　建物　　　　　　　　　　　　1百万円 　　合計　　　　　　　　　　　　6百万円	※5 固定資産売却益の内容は次のとおりです。 　　土地　　　　　　　　　　　252百万円
※6 固定資産処分損の内容は次のとおりです。 　　除却損 　　　建物　　　　　　　　　　30百万円 　　　工具器具備品　　　　　　　0百万円 　　　合計　　　　　　　　　　31百万円	※6 固定資産処分損の内容は次のとおりです。 　　除却損 　　　建物　　　　　　　　　　32百万円 　　　工具器具備品　　　　　　15百万円 　　　構築物　　　　　　　　　　3百万円 　　　機械及び装置　　　　　　　0百万円 　　　合計　　　　　　　　　　51百万円
※7 関係会社との取引に係る注記 　　区分掲記した以外の科目に含まれるものは次のとおりです。 　　売上高　　　　　　　　252,490百万円 　　売上割引　　　　　　　　　139百万円	※7 関係会社との取引に係る注記 　　区分掲記した以外の科目に含まれるものは次のとおりです。 　　売上高　　　　　　　　570,708百万円 　　売上割引　　　　　　　　　313百万円
―――	※8 過年度法人税等は、提出会社と海外子会社との間の取引に係る移転価格税制に基づく修正申告によるものです。

(株主資本等変動計算書関係)

当事業年度(自 平成18年4月1日 至 平成19年3月31日)

自己株式に関する事項

株式の種類	前事業年度末	増加	減少	当事業年度末
普通株式（株）	13,754,896	11,199	108	13,765,987

(変動事由の概要)
　　増加数の内訳は、次のとおりです。
　　　単元未満株式の買取請求による取得　　11,199 株
　　減少数の内訳は、次のとおりです。
　　　単元未満株式の買増請求による売渡　　108 株

索引

あ行

圧縮記帳制度　95
アップ・ストリーム　145
後入先出法　63
洗い替え方式　182
安全性分析　156, 159
意思決定会計　12, 13
委託販売　116
一行連結　141
一時差異　173, 174
一取引基準　166
1年基準　51, 56, 78
一括処理法　81
一括法　142
一般原則　29
一般に認められた会計原則　18
移動基準法　161
移動平均法　63
請負収益　117
打歩発行　80
売上債権回転率　156
売上高利益率　154
永久差異　173
営業外収益　115
営業外費用　119
営業活動によるキャッシュ・フロー　124
営業活動CF分析　158
営業CF対負債比率　159
営業CF対当期純利益比率　159
営業資産・負債の増減額　130
営業収益　115
営業費用　118
影響力基準　141
益金　172
益金算入項目　172
益金不算入項目　172
EDINET　151
オプション取引　179
オペレーティング・リース　189, 191, 192
親会社　134

か行

外貨換算会計　164
外貨建金銭債権債務　168
外貨建取引　167
外貨建有価証券　168
開業費　76
会計期間の公準　9
会計公準　8
会計主体　7
会計理論上の「資本」　95
外国通貨　167
会社法会計　22
回収期限到来基準　117
回収基準　117
開発費　77
確定債務　79
加算（集計）法　160
貸倒引当金　58
貸倒見積額の算定　183
課税所得　172
活動性の分析　155
割賦販売　116
合併　196
稼得（留保）資本　95
過度の保守主義　40
株式移転　196
株式交換　196
株主価値　14
株主資本　85
株主資本等変動計算書　93
株主保護　3
貨幣性資産　52
貨幣的評価の公準　9
貨幣・非貨幣法　165
科目集約表示の原則　136
科目の重要性　42
為替予約　169
関係比率法　150
換算差額の処理　169
勘定式貸借対照表　47
勘定式損益計算書　97
間接法　72, 129

簡便法　146
管理会計　3
期間差異　173
期間損益計算　103
期間的・間接的対応　110
期間比較法　150
企業の目的　2
企業会計の目的　5
企業会計基準委員会　4
企業会計原則　16
　　――の性格　17, 28
　　――の設定の目的　16
　　――の体系　18
企業会計審議会　4
企業価値　14
企業間比較法　150
企業結合　193
　　――の種類　194
企業実体の公準　8
企業主体理論　8
企業体理論　8
企業利益の計算　171
企業倫理　4
基準値比較法　151
機能的減価　67
キャッシュ・フロー会計　122
キャッシュ・フロー分析　158
キャッシュ・フロー計算書　131
CF比率　159
CFマージン　159
吸収型組織再編　197
級数法　70
強制評価減　64
業績管理会計　12, 13
共通支配下の取引　194
業務的意思決定　13
金額の重要性　42
金銭債務　183
金融資産　178
　　――の消滅　180
金融商品　178, 179
金融商品会計　178
金融商品会計基準　58
金融商品取引会計　22
金融商品取引法　7, 18
金融負債　179
　　――の消滅　180

偶発債務　84
区分処理法　81
区分・対応表示の原則　35
繰越利益剰余金　88
繰延資産　74, 121
繰延税金資産　143, 174
繰延税金負債　79, 143, 174
繰延ヘッジ損益　91
経営計画　23
経済的単一体説　134
経常収益　114
継続企業の公準　9
継続記録法　61
継続性の原則　38, 136
決算日レート法　165
欠損金　173
欠損　89
欠損填補　89
原価基準　109
減価償却　64, 121
　　――の会計処理　72
　　――の方法　68
現金及び現金同等物　123
現金主義　105
現金主義的会計　9
現金同等物　123
現在価値基準　189
減算（控除）法　160
検証可能性　32
減資　87
原則法　146
減損会計　73
現物出資　66, 196
工事完成基準　117
工事収益　117
工事進行基準　117
公正な評価額　179
構成比率法　150
子会社株式および関連会社株式　182
子会社の資産と負債の評価　139
固定基準法　161
固定資産　65
固定資産回転率　156
固定長期適合率　158
固定比率　158
固定負債　80
個別企業会計　19

個別財務諸表　20
個別財務諸表基準性の原則　136
個別的・直接的対応　110
個別法　62
コーポレートコンプライアンス　14

さ　行

在外子会社の財務諸表　169
在外支店の財務諸表項目の換算　168
債権債務の相殺消去　140
債権者保護　3
財産法　11, 101
再調達原価　53
財務会計　3
財務活動によるキャッシュ・フロー　125
財務活動CF分析　158
債務性負債　78
先入先出法　62
先物取引　178
先渡取引　178
残存価額　68
時価　179
時価基準　109
自家建設　63
時価主義　53
資金　122
　　——の収支　122
　　——の範囲　123
資金運用表分析　149
資金収支表　122
自己株式　89
　　——の取得　89
　　——の消却　90
　　——の処分　89
自己資本　85
自己資本回転率　155
自己資本（構成）比率　157
自己資本利益率　153
資産安全性の分析　157
資産回転率　156
資産構成比率　157
資産・資本安全性の分析　157
支出基準　108
市場価格のない有価証券　182
指数法　161
実現主義　106, 115
実質的減資　87

実質的増資　86
支配力基準　138, 198
資本安全性の分析　157
資本回転率　155
資本金　86
資本金利益率　154
資本準備金　87
資本剰余金　85, 87
　　——の変動　88
資本生産性　159
資本的支出　64
資本取引・損益取引区分の原則　33
資本主理論　7
資本利益率　153
社債　80
　　——の発行　80
社債発行費　75
収益及び費用の換算　168
収益性分析　152, 159
従業員1人当たり売上高　160
従業員1人当たり付加価値　160
収支基準　108
重要性の原則　33, 41, 137
重要な会計方針　36
重要な後発事象　37
受贈資本　95
取得企業　194, 195
取得原価主義　52, 53
純資産会計基準　85
純資産の部　85, 182
償却原価法　181
条件付債務　79
少数株主　140
少数株主損益　143
少数株主持分　140, 143
少数株主持分損益　145
試用販売　116
正味実現可能価額　54
剰余金の配当　90
将来加算一時差異　174
将来減算一時差異　174
省略容認原則　41
新株予約権　85, 92
新株予約権付社債　81, 92
真実性の原則　31, 135
新設型組織再編　197
趨勢比率法　150

ストック・オプション　92
スワップ取引　179
正規の償却　67
正規の簿記の原則　32
　──の成立要件　32
税効果会計　170
　──に係る会計基準　171
　──の必要性　171
　──の歴史　170
生産性分析　159
生産高比例法　71, 131
正常営業循環基準　50, 56
静態論　10
成長性の分析　160
税引前当期純利益　172
税務会計　22
絶対的真実性　31, 136
設備投資意思決定　14
設備投資効率　160
全額消去・親会社負担法　144
全額消去・持分按分法　145
全面時価評価法　139, 142
総額主義の原則　35, 51
増減分析法　149
総資本　85
総資本回転率　155
総資本投資効率　160
総資本利益率　153
増資　86
相対的真実性　31, 135
総平均法　63
創立費　76
その他資本剰余金　87
その他有価証券評価差額金　91
その他利益剰余金　88
ソフトウェア　73
損益会計　114
損益計算書原則　29, 101
損益計算書総額主義の原則　112
損益取引　34
損益分岐点分析　149
損益法　11, 102
損金　172
損金算入項目　172
損金不算入項目　172

た　行

貸借性資産　56
貸借対照表　46
　──完全性の原則　51
　──区分表示の原則　49
　──における経過勘定　55
　──の配列基準　49
　──の評価（測定）原則　52
　──の流動と固定の分類基準　50
貸借対照表原則　29
退職給付会計　83
退職給付債務　83
退職給付引当金　83
耐用年数　68
代理人理論　8
ダウン・ストリーム　144
棚卸計算法　62
棚卸減耗損　64
棚卸資産　59
　──回転率　156
　──の評価　64
他人資本　78
　──回転率　155
単一性の原則　40
段階取得　142
段階法　142
短期均衡分析　157
短期成長性の分析　161
秩序性　33
長期均衡分析　158
長期資本構成比率　157
長期成長性の分析　161
長期前払費用　55
直接法　72, 126
低価基準　64
定額法　68, 121
低価主義　54
低価法　64
ディスクロージャー制度　6
定率法　69, 121
デリバティブ取引　178, 183
転換社債　81
転換社債型新株予約権付社債　81, 186
テンポラル法　165
当期業績主義　112
当座資産　57

索引

当座比率　158
投資活動によるキャッシュ・フロー　125
投資活動 CF 分析　158
投資勘定と純資産（資本）勘定の相殺消去　139
投資その他の資産　73
動態論　11
特殊商品売買　116
特別損益項目　129
特別損失　119
特別利益　115
土地差評価差額金　91

な 行

内部取引　144
二重帳簿　41
二取引基準　166
日本公認会計士協会　188
任意積立金　88
年金資産　83-84
のれん　139, 195
のれん償却　139, 144

は 行

売価還元法　63
売却時価　53
売買目的有価証券　58, 181
バージェス法　195
バチョーリ，ルカ　104
発生主義　106
発生主義的会計　9
払込資本　86, 95
比較貸借対照表　127
引当金　82
　　――の計上要件　82
非債務性負債　78
非資金損益項目　130
非償却資産　64
百分率(比)キャッシュ・フロー計算書　152
百分率（比）損益計算書　152
百分率（比）貸借対照表　152
評価替資本　95
評価・換算差額等　85, 91
評価差額　182
評価性引当金　82
費用収益対応の原則　109
標準値比較法　150

費用性資産　52, 56
費用配分　60
　　――の原則　53, 120
比率分析法　150
非連結子会社　138
品質低下・陳腐化による評価損　64
ファイナンス・リース取引　189
　　――の注記　191
付加価値　159, 160
複合金融商品　186
負債性引当金　82
負債比率　157
附属明細表　36
物理的減価　67
部分時間評価法　139, 142
部分連結　141
振当処理　169
粉飾　6
分配可能額　90
平価又は額面発行　80
ヘッジ会計　184
　　――の終了　186
　　――の方法　185
　　――の要件　185
ヘッジ対象　184
ヘッジ取引時以降の要件　185
ヘッジ取引時の要件　185
ヘッジ取引に係る損益認識時点　185
包括主義　112
報告式損益計算書　99
報告式貸借対象法　47
法人税等　120, 176
法人税等調整額　172, 174, 176
法人税法　18
法的実行税率　175
簿外資産　42
簿外負債　42
保守主義の原則　39

ま 行

前受収益　55
前払費用　55, 65
前渡金　65
満期保有目的有価証券　182
未実現損益の消去　140
未実現利益　144, 147
未収収益　55

未払費用　55
無形固定資産　72
明瞭性の原則　34, 113, 136
網羅性　32
持株基準　138, 198
持分　195
持分基準　141
持分の結合　195
持分プーリング法　195
持分法　140
　　──による投資損益　141, 145
　　──の適用　141

や　行

有価証券　181
有形固定資産　65
　　──の取得原価　63
誘導法　33, 46
要約百分率（比）財務諸表　152
予算管理　13

ら　行

利益管理　13
利益準備金　88
利益剰余金　86, 88
　　──の変動　89
利益増減分析　149
リスクマネジメント　14
リース債務　191
リース資産　191
利息および配当金の表示区分　126
流動資産　57
流動比率　158

流動・非流動法　165
流動負債　79
臨時償却　67
臨時損失　67
レーダー・チャート　161
連結会計　133
連結株主資本等変動計算書　145
連結企業会計（連結会計）　19
連結キャッシュ・フロー計算書　19, 123
　　──の作成　132
連結決算日　138
連結子会社　147
　　──の判定基準　137
連結財務諸表　20, 133
　　──の注記　145
連結財務諸表原則　134
連結財務諸表等規則　134
連結主体論　134
連結剰余金計算書　145
連結除外会社　147
連結相互間のキャッシュ・フロー　147
連結損益計算書作成の基本原則　143
連結貸借対照表作成の基本原則　138
連結注記表　146
連結納税制度　19
連結の範囲　137
労働生産性　159
　　──の分析　160

わ　行

割引現価主義　54
割引発行　80

企業会計の原理

2007年10月25日　第一版第一刷発行
2010年 3 月30日　第一版第二刷発行

<table>
<tr><td>著　者</td><td>岩　崎　　　功</td></tr>
<tr><td></td><td>井　上　徹　二</td></tr>
<tr><td></td><td>飯　野　邦　彦</td></tr>
<tr><td>発行所</td><td>㈱学文社</td></tr>
<tr><td>発行者</td><td>田中千津子</td></tr>
</table>

東京都目黒区下目黒 3-6-1
〒153-0064　電話(03)3715-1501（代表）　振替 00130-9-98842
http://www.gakubunsha.com

落丁・乱丁本は，本社にてお取り替えします。　印刷／シナノ印刷㈱
定価は売上カード・カバーに表示してあります。　　＜検印省略＞

ISBN 4-7620-1733-9

Ⓒ 2007　IWASAKI Isao, INOUE Tetsuji and Iino Kunihiko Printed in Japan